Leader Culture

Lead the Way! Be Your Own Leader!

Leader Culture

Lead the Way! Be Your Own Leader!

Leader Culture

Lead the Way! Be Your Own Leader!

Leader Culture

Lead the Way! Be Your Own Leader!

力得文化
Leader Culture

凡人佈局

內心戲

現正熱映中

有勃／著

你我皆凡人，走在人世間；
終日奔波苦，內心不得閒。
凡人行走江湖，
人情世故終究是冷暖自知；
凡人精心佈局，
只謂人生如戲又戲如人生，
此時此刻，
好戲正要開演，
請君入座為先！

作者序

三月的時候我剛開設部落格，想把這些年遊歷各國的經驗分享出去，部落格與粉絲專頁方興未艾，根本沒幾個人閱讀跟按讚的時候，一封突然的臉書私訊傳來了，是大學系上的朋友。四年在學時，幾乎沒什麼交集，畢業後也僅止於臉友的交情（當然我都會關注她的消息）。正納悶有什麼事，噓寒兩句，她直接問我：「你要不要寫書？」

我是典型的光說不練型，讀中文，但討厭看書，更不善書寫，光是臉書發篇廢文，都要再三忖度，就怕文句不順、思想出了岔子，時常患得患失。想當然耳，我根本沒有任何刊登或出版的成果（只有研究所那種硬梆梆的寫作經驗啦），因此被問到「當作者」這件事，實在是受寵若驚，當下還以為是什麼直銷或詐騙集團的新興手法，想說大學同學竟然淪陷了。聽完她的解釋，才知道原來她也有關注我的動態，還覺得我的風格有合乎她的標準。唉，我這輩子的好運要用完了吧？總之，她成了我的責編，我則寫書了，若你正在看這篇序，我得獻上最真誠的感謝；若你看完整本書，那我會在這裡肉袒牽羊著跪拜，反正你也看不到。

會接這本書，是因為定位很簡單，就是生活，就是平凡人的隨想。

我並非在寫影評，所以不見得每部電影都會鉅細靡遺交代劇情，但絕對會劇透，所以不想被暴雷的朋友，看到關鍵字就趕快跳到下一篇吧！寫書的時候，我通常先預設讀者都看過了，然後我們才坐在同一個角落，一起從人生的某些經驗裡，來連結幾本書、幾部電影、幾齣戲劇。談文學與影劇是件很愉快的事，但它們跟藝術相同，是世上最主觀的，好作品不見得好看，好看的不見得是好作品。但話說回來，什麼又是「好作品」呢？任何一部作品，都可能在某個瞬間能戳中自己。既然如此，我們不說喜不喜歡，只說生活，生活永遠比電影與文學更值得我們留意，換言之，電影與文學其實也從未遠離過生活。

本書的感覺，更接近我們日常的某個當下，忽然脫口而出了一句電影台詞或橋段，然後你覺得這個瞬間簡直跟電影一模一樣，就像每晚看見巷仔內那些永遠殺不完的蟑螂，便不禁哀怨起來，然後想到《侏儸紀公園》的名言「生命會找到出路」，這時電影沒有褒貶，只是個符合你生命情境的一個好例子，信手拈來，原來，生活處處是電影、處處是文學。這比起在電影版爭論好雷或負雷、有看懂或看不懂（並非理論與邏輯上的懂，很多人的觀念都是覺得看不懂才會不喜歡），顯然更適合我的觀影原則，誰都有自己的好惡，何必要批評別人的感受？

當初責編設計了很優秀的章節與篇目，我大致上都保持原樣來書寫。必須先說，這其中的內容幾乎都有共性，一部作品可以跨越好幾個主題，可以穿梭於不同的人群際遇。我盡量避免相同的例子重疊，但如果你發現某幾篇能夠綁在一起討論，或是某些作品可以運用在其他篇章裡，那表示我們所想的很類似，也許我們該當個朋友。

總之，我就是個無時無刻都在做白日夢、都在癡心妄想的平凡人，很愛追劇、很愛看電影，更期待將足跡踏遍世界各地。如果你也像我一樣，或許這本書多少能串連起我們！希望這本書不會讓你看得太過痛苦。

編者序

在一睜眼就被各種社會新聞淹沒的日常，我想先說一則故事，一則在我眼前發生的故事，一則我覺得值得被記得的故事。某日正午，我等在某個羅斯福路的路口。右側車輛來勢洶洶地準備在綠燈亮起時發動，這時，我瞥見馬路上有一蜷曲的灰色形體。一開始還以為是有人掉了個大型塑膠袋，定睛一看才發現這灰色物體是個人！是個倒在地上的老人！是個倒在大馬路上的老人！

在穿著高跟鞋的我準備衝上前時，有好多人比我更快了一步，他們團團圍住老先生，把毫無力氣的老先生攙扶並抬起至紅磚道上。老先生雙眼無神、渾身沒力，腳上的鞋子掛也掛不住。他穿著幾乎與柏油路融為一體的灰色系衣褲，跌倒導致額頭、臉頰受傷，沾染的鮮血格外明顯，怵目驚心又令人印象深刻。

我看見整條路的人都很擔心他，無論是衝上前攙扶他的人，或者是準備啟動車輛的人，抑或是像我這類來不及行動的人。大家莫名地充滿默契，攙扶老先生、打電話叫救護車、試圖連絡老先生的家屬等。所有人都不是老先生的親人，也都不是老先生的朋友，但每個人的眼中都充滿了愛與溫暖。我想，在馬路的兩端，在夜晚與白天，竟會生發這麼強烈對比的事。我還想，今天我若是老先生的家屬究竟會有多欣慰，我若是老先生本人又會有多感謝。

我們不會知道自己懷抱善心做善事會不會有善果，也不會知道自己是否永遠都來得及保護自己深愛的人。倘若我們能夠幫別人保護他們愛的人，這不也是一件極美極善之事？甚至，我們所愛的人若能在我們無力庇護時有人能出手救援，我們會有多珍惜、多感謝？所以，我希望能將自己在台北街頭親眼見證的最美風景與最大感動牢牢記下，也必須認真記下，傳達給每個能去愛、想被愛的人。

而有勃正是將這樣的精神寫進了書裡，讓讀者看一名凡人在平凡的日常裡如何打造自己的格局，希望讀者能從有勃的文字裡看見他所看見的美景與感動，去細嚼他閱讀過的文字、欣賞過的影劇，然後學著做一個會思考、會感恩的幸福凡人吧！

目次

第二章　特效滲入經典，虛幻融入現實

第三章　俯瞰城市的代價像101那樣高

第四章　時光機給你，任意門給我

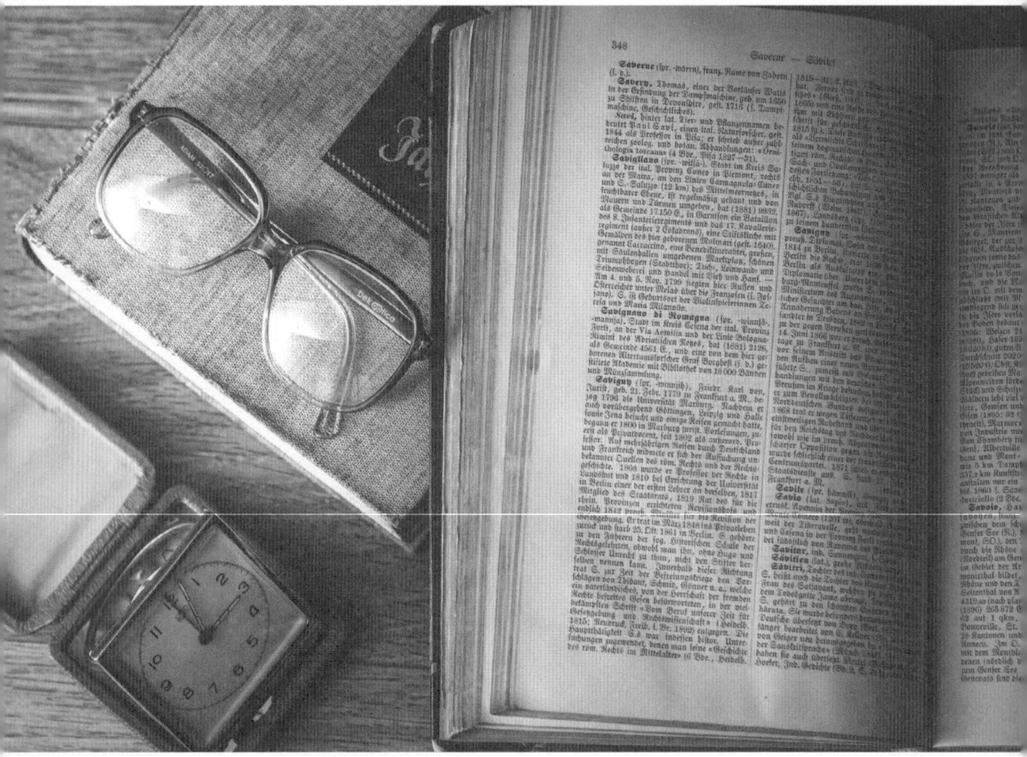
348
Saverne

第一章

書香
是歷久彌新
又不見不散

抱歉，這裡不是查令十字路八十四號

自從住進台北老公寓裡的分租套房後，公用信箱就成了最不保險又不方便的過時產物。沒有管理員或家人能代收掛號或包裹，為了避免哪天中了什麼大獎無處投遞（就慢慢做夢吧……），通訊地址幾乎還是掛在高雄老家，反正，現在會收到的信件，除了偶然丟來的紅色炸彈，就剩帳單和一堆DM了吧（更不用說現在很多帳單都電子化了）！其實，之中最重要的，是老婆或自己旅遊時從世界各地寄來的明信片。明信片堪稱是在這個最重視個資的時代裡最沒隱私的通聯載體了，但念在上頭美麗的照片或畫像以及來自異國的郵戳，我想，明信片依然是窮遊背包客們最具CP值的紀念品。總之，要不是為了發帖、寄紀念品或什麼特別的需要，信箋這玩意兒大抵是比夕陽更夕陽的產物了。大家寧可被通訊APP突然跳出的鈴聲二十四小時輪番轟炸，也不願等待郵差在幾天、幾個月後前來按鈴。

可是，不知為何，每當間隔一、兩個月抽空返家，我總會摸摸信架上那疊對我使用尊稱而實際上全台灣的收件者都會收到相同內容的品牌DM，然後暗自期待是否會出現一封來自哪些失聯朋友的意外來信。想當然耳，沒有。

除夕前的大掃除，在抽屜深處翻出了被壓藏十多年、五顏六色的一疊信封，裡頭有些是信紙，有些是卡片，大概是放了很長一段時間，邊緣已經出現了雜班，略略泛黃褪色，我看著手寫的地址，不禁莞爾，打開幾封來看，關於這些信的故事，差不多是國一時期的事了吧！念小五的我相當頑皮，堪稱班上十大惡人，但說真的為惡，我也不敢跟人打架或耍流氓，就是愛跟老師唱反調、愛講話、愛捉弄人，簡言之就是個「俗辣」屁孩。當時特別愛捉弄班上一位女孩，基本上就是三不五時跑去掀她裙子……等等，身為女權主義的維護者，我先補血一下，我是因為知道她有穿運動褲才這麼做的（好像越描越黑，但真的啦！她的運動褲很長……）。對方被我弄得不堪其擾，憤而跑去跟擔任工友的父親告狀，某天我就在走廊上被她爸罵得狗血淋頭，說我這樣的行為是犯罪。事過境遷，小六的那年，我就搖身一變，變成十大善人，雖談不上哪裡善，但就是乖乖聽老師的話、看不慣小混混、愛清潔、有禮貌這樣，然後，我跟這位女孩還變成了朋友（這絕不是斯德哥爾摩症候群）。尤其是在畢業後，我們的關係反而更好。她回到屏東念書時，偶然寄來一封問候信，不知不覺地，我們竟通起信來，還持續了好一段時間。說起來，旁人不打不相識，我們則是不掀不相識，連她都在信裡都特別回憶這段既好氣又好笑的往事。後來，因為課業繁忙，而各自的交友圈也日漸成形，忘了是誰開始斷了尺牘，我們正式失去消息，足足過

了六、七年的時間，才拜社群軟體所賜而重新聯繫上。

回想當時，書信的力量在連上Yahoo即時通都很難的少年歲月是超乎想像的強大，見其文字，如見其人，從字裡行間的用詞，我可以想像她的語氣、表情，栩栩如生，如臨在前；特別是手寫的字體，恰恰反映著一個人的個性，潦草的筆觸可能瀟灑，端正的字跡或許嚴謹，每封信都是一位活脫脫的人，宛如《哈利波特》（Harry Potter）中魔法學校的報紙，我看見對方正躍然紙上，向我訴說每件日常的大小事。書信能緊密維繫人與人之間關係的最佳例子，莫過於1970年出版的《查令十字路84號》（84 Charing Cross Road），與其說這是本書，不如說是一冊收件匣。作者海蓮・漢芙（Helene Hanff）集結了二十多年來與倫敦古書商「馬克與柯恩書店」往來的書信，通信的對象包含店經理法蘭克・鐸爾（Frank Doel）與其家人，以及書店全體員工，他們彼此僅僅在魚雁往返之間，便建立起厚非凡的跨洋友誼。而最令人驚訝的是，他們不曾見過一面。海蓮從文學評論的刊物上看見了這間二手書店打的廣告，酷愛閱讀經典的她二話不說寫了第一封信垂詢書目，因而開啟了這段白紙上的對話。若非電影《北

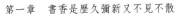

京遇上西雅圖之不二情書》，我恐怕永遠不會知道這本膾炙人口的名作，電影汲取了《查令十字路84號》的筆友靈感，將其昇華為愛情，但我們暫且不談情愛，而先來談友愛。

初見海蓮的回信，會讓人詫異她怎能如此無禮，對著書籍不如預期說三道四，將法蘭克好意推薦的書目視為理所當然，簡直是不折不扣的奧客，但是，往下看法蘭克等人的回信，才知道這是海蓮的美式幽默，而這世上能忍受她這般直接與真性情的，搞不好真的只有馬克與柯恩書店裡的那群朋友了。當然，海蓮並非一味地拖出她的直腸子，她對待法蘭克等人相當大方，時常透過海外物資機構添購各種貨品給他們，雞蛋、牛舌罐頭、火腿等食材，對美國人或許談不上高級（更遑論我們），但對於正值戰後復甦期的英國人而言，這些簡直是最稀珍不過的奢侈品。另一方面，法蘭克等人也善用稀少的材料做簡單的食物進行回饋，連隔壁八十多歲的獨居老太太，聽聞這感人的情誼也一展巧手繡製的精美桌巾餽贈於她。他們最純樸的禮物，盡是用最真誠的祝福包裝。海蓮對友人慷慨解囊的義氣，或許也間接成了她不能儘早赴英與他們相見歡的原因之一，畢竟海蓮終生困頓，手頭從來就不寬裕，可是面對氣味相投的摯友，她絕不吝嗇。海蓮在信裡提到美國政府花了大把鈔票協助戰敗國重建，卻對盟友如此狠心，實在讓她忿忿不平。確實，相較於為了全球勢力消長而隨時可以翻臉不認或立即稱兄道弟的國際外交，她與法蘭克之間相知相惜的困窘友誼顯得高貴得太多了。

何以素昧平生的書店老闆一家與員工，會使海蓮感覺他們比身邊所有人來得更親密呢？我想，是對英美文學與古書的全心投入以及阮囊羞澀的患難之情吧！海蓮無需出門頂著寒風或迎著壅塞的人群，只需要寄封信、開張書單，想要的書就會不辭千里地親送到府，這簡直是現代人宅在家就能網購的概念先驅，連儲值的功能都有。也難怪她總認為，隔著一片大西洋的島國，比她從破舊公寓走到洛克斐勒廣場的距離還要近上太多了。書信傳遞之近，親身步行之遙，對她這位不愛出門的另類「腐女」而言，平整座落在信箋上的無聲文字，要更勝嘴裡吐出的冰冷話語，與人往來，若不交心，縱使當著面相擁寒暄，也只是虛與委蛇的禮尚往來，你不在乎我所陶醉的事物，我不接受你所認定的價值，相交於面，平行如心，兩人不過是相隔千萬呎的孤鳥，永遠到不了彼此的同溫層。能夠擁有相同喜好，能包容脆弱、能指正錯誤還能有難同當的朋友，絕對是畢生少有。實際上，我們身邊有多少人能真正配得上「朋友」二字呢？這倒也非對錯的問題，不過就是志趣、性格合不合罷了，對tone最重要。

在海蓮尚未結識法蘭克等人前，那些環繞在她身邊的經典，無疑是最真誠、最具智慧的朋友了，友直、友諒、友多聞，書籍全都符合了這三點。海蓮愛書成癡，她醉心於古老二手書精細繁複的封面，對細膩輕柔的紙質愛不釋手。過去精裝書本身就是典雅的藝術，是氣質與精神內涵的具象化。進一步撫摸內頁，一字一句地細嚼慢嚥，從前慢的日子，一本書就是一齣電影、一場戲劇、一個世界，可以反覆吟詠，無論精讀與速讀，都能隨自己的節奏翩翩起舞，只因為過去的一天很長。海蓮窩在家，可以飽覽先賢文人的巨作，與他們字字珠璣的語言對話，才是她人生最快活的樂趣。看見什麼旋即想像什麼，筆墨形容之下，個人創造力之上，比看見具體的畫面更加無限寬廣。當然，鍾情於文史的人，想像力無窮，也必然會想親眼目睹書中描述的種種景色。海蓮畢生浸潤書海，對文學與歷史充斥熱忱，不難想像，系出同源的英美文學對這位「老書蟲」會有多麼深刻的影響。海蓮雅好英國文學，對這塊出產豐富的人文涵養、培養悠久的歷史文化之沃土，懷抱著無盡的嚮往。她心中有個造訪倫敦的願望，她想著「我要走遍柏克萊廣場、逛盡溫柏街；我要置身在約翰・多恩佈道的聖保羅大教堂；我要跌坐在伊莉莎白拒為階下囚的倫敦塔前台階上……」，每一處都是倫敦史的見證者，也都是英國文學滋養紮根的應許之地。更何況，她在這遙遠的彼端，還有一群熟悉與瞭解她的朋友，即便她與他們素未謀面。海蓮愛上了一個從未踏上的國度，她特地去觀賞英國電影，只因為想一窺英國的街道與屋舍，我猜，她會認真地記住那些景色，在腦海裡慢慢組合，重新搭建成一片期望的英倫布景，在那裡，查令十字路八十四號的書店必定靜靜的、端莊的佇立著，而她的那群朋友——已經在書信往來的相片中見過——會堆滿真誠的笑容，站在門口迎接她的到來。

我想，做為文科生，這感覺應是尤其強烈吧！過去我們背誦無數的詩詞曲賦，熟讀每位文學家的出生背景以及他們終生不平靜的宦遊旅途，中國的古地名在我們眼中並非真實的地理樣貌，而是隨著這些數千年遷徙不已的文人墨客盛衰起伏，杜甫由京返家寫下了《自京赴奉先縣詠懷五百字》，長安便是低谷；蘇東坡貶謫而寫《定風波》，黃州則為高峰。當研究號稱中國第一長篇的艷情小說《姑妄言》時，我幾乎成天幻想著自己身處明末南京城中的各個角落，從陋巷到大宅，從乞兒到達官，更甚者，要上到那些狎邪露骨的風月床第，否則，是不可能擠出半句論文的。姑且撇開政治，一如海蓮對英倫的想像，我對中國廣袤的文史地圖同樣存著長年如夢的幻想，憑著照片與影像來建構，甚至一度認為所謂中原就該像《軒轅劍》遊戲裡描繪的那樣，飄渺無際。實際上，對於自幼耳濡目染於中國文化的我們來說，要不去想像，真的太難了，但終其一生有能力踏上黃土親歷見證的，更是少之又少（我想真正有興趣的大概又更少了），隔著一條黑水溝的想望，竟變得如此空泛。也許這是一種密不可分的文化傳承，我們一邊繼承，一邊開展出親土的新型態，在此創造屬於我們的文化，就像美利堅合眾國之於英國，撇開意識形態，人與人的互通，文化與文化的交流，本該如海蓮他們這般單純而平和。

可二十一世紀的南京，早非《姑妄言》裡的南京；整個中國，也不再是十年前我們想像的中國，有個相聲段子說得很好：「你以前念的地理，都已經成為歷史了。」這話真是再貼切不過。要是海蓮晚個四十年才造訪查令十字路八十四號，她只能看見來自伊利諾州熟悉的M字開頭招牌，裡頭賣的不是一冊冊裝訂精美的二手古書，而是一顆顆包裝俐落的大麥克。除非給台時光機，不然所謂朝聖，恐怕也只是去朝「剩」罷了。

如此說來，海蓮說了二十年的造訪，竟是在信件集結付梓後，由英國書商贊助她圓夢的。只是，她一生期盼親眼晤面的法蘭克，等不及她成名赴約，在四年前因病溘然長逝，而書店老闆馬克也早已仙去，其他員工或移居、或赴任他鄉，原本每封信裡懷藏的殷殷期盼，隨著現實的逼迫都漸漸破碎。當海蓮終於登陸倫敦，夢卻不再完整，當時只道是尋

常，可人生終究無常。

書在這個年代，也跟信差不多過時了，幸好人們對於手持著紙本的紮實感仍存有一絲眷戀，得以讓複合化經營的書店苟延殘喘。

或者說，真正過時的不是書，而是純文學。暢銷排行榜上，亮著封面的總是明星創作、旅遊、瘦身、食譜、電影原著小說等，資訊與娛樂取向可能更符合時代的推移。這也沒什麼不好，當代是「沒有大師的時代」，任何人都有成名或表達自我以尋求共鳴的機會。影像是最直截了當的衝擊效應，看著

Instagram的素人網美、Youtube上的鬼才網紅，在這資訊爆炸的時代裡，這樣其實更合乎一目千行的我們。文字，逐漸與我們的眼皮融合，字數越多，眼皮壓得越重，特別是看不出什麼專業而像我這千言萬語的整本廢文。因此，還願意捧著一本書，在捷運上、咖啡廳一隅、樹蔭下閱讀的人們，都值得握手致意、感激涕零（尤其如果你正在看這本書，請收下我跪在電腦前的敬謝）。

拿著那疊信，我稍稍感嘆歲月更迭地如此飛快，懷念起小時候朋友間互發的聖誕節賀卡，還有跨年時搶著在訊息被擠爆前發出去的祝福簡訊，再想起那位被掀裙子的朋友，在念研究所時竟然還意外地同校了好些年，如今她回到屏東任教，想來日子過得應該相當不錯。而我拿起手機，用Line傳了訊息：「好久沒見！下次回高雄再來揪啊！」突然覺得，生在智慧手機發達的年代，似乎還是不錯的。

與小王子、狐狸、玫瑰相約大街

朋友遲到了，電影院外正下著滂沱大雨，我隨意坐在路邊，看五彩繽紛的雨傘從身旁掠過，這座城市的夜晚比起白晝更加絢爛，但我沒有特別留心，只專注於手機小螢幕的臉書畫面。即使臉書已經逐漸被歸類成「老人」在用的社群平台，身邊還真的越來越少人願意在臉書上分享生活，頂多就潛水看看其他「跟不上時代」的人繼續發發廢文，當個固定的讚友以維持交情。很難想像，遙想讀大三、大四時，臉書才剛風行起來，距離它問世、極盛到趨於平穩（甚至衰退），也不過就十多年光景，我們竟也成了上一個世代的人，還真是不勝唏噓。我總覺得自己臉書上的朋友還算多，沒有一千，也有七、八百，但有時候，夜闌人靜，猛然翻開朋友名單，全部瀏覽一遍後，想著裡面真正有聯絡的人，究竟還剩下多少呢？有時候，突然想找個人吃飯、喝咖啡、聊聊天，總之就是想跟朋友見個面，但一時之間，竟想不到該找誰、該如何開口。我們很熟嗎？應該算熟吧？我們不熟嗎？其實算不錯吧？如果真的約出來，要聊些什麼？事後想想，根本沒那麼複雜，但在那個當下，我只能對著手機呆愣，陷入沉沉思緒中。

這時，有兩個聲音浮現在我耳邊：「沙漠裡是有點孤寂」；「人群裡也是很寂寞的」。不用抬頭，我的雙重人格正在對話，這是《小王子》的經典台詞，是小王子迷失沙漠時跟蛇的對話。蛇說的很對，此時此刻，我確實是一陣孤獨湧上心頭，但更多的是久候的不耐。臉書，是為了什麼而存在的呢？是用來炫耀自己過得很爽，讓人羨慕？還是要讓人大吐負面苦水，討拍博取同情？我不認為非得這般極端，畢竟，絕大部分的人就只是在臉書上記錄生活裡的點滴。起起落落，不正是人生？誰不希望在快樂興奮時有人同喜、在悲傷憤怒時有人安慰。會感到社群軟體充滿目的性，或許是自己的內心變質了，不知不覺，我好像不再介意內文本身，更在意的是寥寥無幾的按讚數，好似個人價值與重要性，必須交由他人來給予。偶爾寫些長篇大論的時事評論，獲得的讚更少（可是按讚數多，就代表有那麼多人看嗎），我有個性格比較激烈的同學，曾說自己寫的分析跟名人的觀點所見略同，但根本沒人看，想必這一定是人微言輕。這話並非沒有道理，但我們本就是市井草莽，何需去跟名人比較？其實我懂他真正的意思，指的是自己寫的文章，連朋友都不看。

我明白這種失落，很想嘆口氣嗎？此時不妨反觀自己，難道就很認真看完所有朋友的貼文內容嗎?人生已經很艱難，一天二十四小時，感覺比《小王子》點燈星球上一分鐘一天過得還快，總是像那孤寂的點燈人，為別人而盡力、為別人而存活，連睡覺的時間都沒有。

追逐一大串不切實際數字的我們，又像小王子遇見的商人，永無止盡地數數，想把所有星星據為己有，而那虛幻的數字，不具任何意義，因為他無法為星星做任何事，只能「把多少星星寫在一張紙上，然後把這張紙鎖在抽屜裡」。上百上千的讚，看了很爽，卻忽略了那些讚的背後，我們還記得是哪些朋友按的嗎?而你又真的在意他們嗎?作者說:「忘記朋友是一件令人感到悲傷的事，不是每個人都會有朋友的，而且，如果我把他(小王子)忘了，我就可能會變得跟那些除了數字之外，對什麼事都不感興趣的大人一樣……」是啊!難道所謂友情、所謂幸福都只是數目的總合嗎?縱使只有屈指可數的讚，也是出自於還願意看、還願意回饋自己的人，而這是不是更值得我們感激?就當曲高和寡也好，茫茫人海中，至少有人出聲共鳴。若我們駐足回頭，仔細端詳留心於自己的人，也會感覺溫馨吧!

現在的我們，都還相熟嗎？看看在我們身邊的人們，有多少是讓自己掛心且想念的？狐狸對小王子說：「如果你馴養我，我們將會需要彼此，對我而言，你將是宇宙間獨一無二的。」馴養，就是「建立關係」，每一段緣分，都需要用真心誠意來維繫，當我們視對方為絕無僅有的存在，在心中時時替他保留一個位子，且等待著與他的相逢，那麼這就是實實在在的情誼。而這樣的人，只要有一個，就已經夠我們用盡一生的時間來珍惜。我們該把時間放在自己「所馴養的東西」上，狐狸說人類不再有朋友，是因為「人類不再有時間去瞭解事情了。他們在商店裡買現成的東西；可是，卻沒有任何的店在販賣友誼」。

想想自己，是否真的寂寞？在停不下來的時間裡，我們都在為自己而戰。仔細斟酌，現在的我並沒有不好，而且應該要很好，我們只是不像過去，擁有大把大把的青春可以揮霍，與許多許多的人們相處交流。如今，我只是花更多的時間在自己以及最重要的人身上。喔，這不是指其他人不重要，而是在每個人的生命裡，總有「心中最軟的一塊」，就像小王子對待他的玫瑰一樣。每隔一段時日，與朋友相聚，回味一點昔日荒謬又狂放的時光，抒發一下對現況的不滿，或是分享一些近期碰上的種種喜悅，即使是久違的重逢，也可能比朝夕相處來得更自在、滿足。因為這樣的日子雖然稀少，卻更顯得彌足珍貴，其他的時刻，我們就該留給自己（不用說，還得留給工作呢）。臉書的意義，或許不就是用來給平常相距遙遠的我們一個能彼此馴養的韁繩嗎？我馴養了你，你也馴養了我，我們會偶爾孤獨，但不會永遠寂寞。

說到情誼，突然興起一股念頭，其實，在我心中，曾有個小小的遺憾，就是小時候沒有跟人打過架。君子動口不動手、要彬彬有禮、要懂得克制脾氣，這些都是理所當然的觀念，但在我年少輕狂的初等教育時期，沒做過這麼無知又中二的舉動，想來還是覺得有點可惜。而我覺得突然暴怒地破口大罵，反而更容易「無差別」地影響到其他人，搞不好這比兩個人躲在角落單挑還來得可怕。當然，這絕對不是小王子的本意，我並非指打架好玩，是指極端一點地表現「直接」的溝通，小孩起了誤解或衝突，引發血氣方剛的小小搏鬥，等待兩人氣力放盡，洩光了所有憤怒，再躺在地上把話說明白，之後仍然是朋友。就像大雄跟胖虎一樣，就算大部分是單方面被慘虐，但至少他們總是不計前嫌，對吧？

寂寞，有時是自己造成的。曾經的我，太過小心翼翼，被人說「道貌岸然」，也許就是我包袱太多，不喜歡放下身段，自認比他人更明事理，卻可能只是因為看別人不順眼、覺得別人幼稚而不願與其對話，進而阻絕了自己去接觸別人內心世界的機會。與他人產生問題，也不會想去解決或修補關係，可是，看看小王子，他想跟蝴蝶交朋友，就得先忍耐兩、三隻毛毛蟲的拜訪。不曾跨過考驗的情分，總是不堪一擊。成長了以後，動手這種事自然萬萬不得，我開始盡量跨出新的一步，去打破沉默、去解開誤會，學著去尊重別人的喜好，學著主動關切或解釋，因為每個人都不同，沒有一蹴可幾的美好關係。現在，要我去打架，我想，貪生怕死又怕痛的我也不會想做了。

人都是複雜的，一顆星球無法代表一個人，在我們的體內，有國王星球的自以為是，有愛現男人星球的愛慕虛榮，有酒鬼星球的自卑無助，有商人星球的貪得無厭，有點燈星球的庸庸碌碌，也有學者星球的偏執，還有更多無數特質的星球，全部聚合在一塊，然後，組成了我們。我們更像是一座星系，只是看哪種星球的數量佔的比例較高。我們也都曾經擁有小王子的B612星球，只是它異常的遙遠且黯淡無光。每個大人都曾是小孩（只是大多數人都忘了），如果失去了純真，看待這個世界就像是近視兼散光，只看得清楚眼前的小草，卻看不見遠方的森林，以為自己擁有的無限多，伸手時卻什麼也抓不住。真正重要的事物，都批著隱形斗篷，用肉眼是看不到的。身在這麼困惑的世代裡，我們都在原地繞行的飛速列車上，長大了反而變成看得見的盲人。本來，在無限的宇宙中，我們都是各自獨立的星系，散發出耀眼的星光，吸引彼此造訪，而每一座星系裡，都應該要有很多很多的B612星球才對。

朋友這時傳來訊息，說看電影來不及，晚點就吃個飯吧！我看時間還久，乾脆就踱步到其他地方。在百貨的地下聯通道間，我跟一位行動不便的阿婆買了把玫瑰，價格便宜，包裝簡陋，只用塑膠袋提著。後來經過某間設計現代的概念花店，外頭擺著幾束玫瑰，它們被包裝得格外精緻，淡雅的膠紙反射著燈光，把玫瑰照得閃亮艷紅，看起來如此動人，但我卻想到小王子對地球上的玫瑰花叢說：「你們很美，但是很空虛。」只因為沒有人對它們情有獨鍾。對我而言，我手上的玫瑰比它們更重要，因為那是我要送給重要的人的禮物，因為這是我的玫瑰。「如果你愛上了某個星球的一朵花，那麼，只要在夜晚仰望星空，就會覺得所有的星星都開出花朵來了。」若回到家，將這束玫瑰送給情人，那麼這束玫瑰，就是世上獨一無二的玫瑰，因為它有了歸屬，而世界也會跟著百花齊放。

我想起曾種過一株拇指大的仙人掌，小王子說玫瑰花只有四根刺，那仙人掌的刺夠多了吧！可是，我疏於照顧，不知道正確的方法來栽植它，以為就像沙漠植物，偶爾澆澆水、放在陽光下，就能長得豐滿。放在露臺不知多久，某天當我忽然想起它，它已經傾斜於乾裂的土中。玫瑰花只有四根，卻能夠存活下來；仙人掌有數以百計的刺，卻還是保護不了自己，只因為它落到了不屬於它的土壤，遇見了沒有好好澆灌它的人。我種的這株，竟然比不上荒漠裡雜亂無章、蓬勃生長的其他仙人掌。就像人與人的相處，如果無心去培養，任何失去重視的一方，就像我這株仙人掌，被強迫放進了小盆栽，不被付出，最終剩下乾涸的關係，不是貌合神離，就是一拍兩散。

朋友總算來了，其實看不看電影，對我來說都無所謂，我怒嗆他幾句以傳達久等的無奈，也襯托出我們關係的穩固與良好……吧？也許他是一隻狐狸，我們已經相互馴養了十七年，自從他去了東部，我們便少了很多見面的機會。但無所謂，有時不需要多說什麼，有時又意見不合的喋喋不休，都是種馴養的方式，改天我們也許可以好好打一架，不用任何理由。吃過很簡單的晚餐，我們也不再有其它行程，於是相互道別。如今，他也找到了專屬的、世上僅有的玫瑰花，我暗暗祝福，希望他能好好澆灌他、保護他，別讓他獨自用四根刺對抗這危險的世界。

「我會住在這其中一顆星星上面，在某一顆星星上面微笑著，每當夜晚你仰望星空的時候，就會像是看到所有星星都在微笑一般。」我想著世上所有的相聚，都會有別離的時候，現在並不像小王子拋下沉重身軀時說的這般哀傷，我相信只要有個能牽掛或思念的人，都能時時刻刻看見微笑的星空。回家的路上，仍下著雨，沒有天上的星星，但所有落下的雨滴，都是一顆顆閃爍的繁星。

在街角漂流的魯賓遜

助行器是他最醒目的標誌，他總撐著握把踽踽獨行，一步一拖緩緩移動。不良於行，讓他失去對時間的感知；流浪，則讓社會失去對他的認同。他是我租屋處附近常見到的一位街友，他永遠罩著一件藍色輕便雨衣，不知是以防雨天無法快速穿上，還是擔心身上的異味引起路人反感。我從未見過他行乞，也從未見過有人與他交談。他就像繁華首都的陰影，明明總是擦肩而過，卻沒有半個人注意到。落腳在行天宮周遭，相較於容易接受遊客與大量行人幫助的其他街友，他確實是非常獨特的存在。藍雨衣街友時常睡在三角窗內的銀行提款機旁，那裏是附近鮮少能遮風避雨的公共小空間，比起寒風直襲的公園，這裡堪稱為溫暖的天堂。他是個漂流在人群中的求生者，助行器是他的船隻，沒有帆桅櫂槳，金援與屋簷與是風與海潮，他漂流到哪裡，哪裡就是暫可棲身的荒島。他所到之處，都像被迷霧壟罩，沒有人會注意到他。他受困在這座無人島，島上沒有半點長居久安的資源，他無能為力，只求果腹與小憩，然後再往下個島嶼漂去。

他是街角的魯賓遜，只是是回不去家鄉、實踐不了夢想的魯賓遜。魯賓遜，是個虛構的傳說，是段長達三十五年的漂泊，他天生反骨，從小就想乘風破浪，揭開地球的所有神秘，他深具挑戰精神，善良且虔誠，面對再險惡的情勢，他都能冷靜以對，只為求生。魯賓遜並非一次就淪落孤島，他的航海史幾乎沒有好下場，但他總是能意外倖存。現在來讀魯賓遜，深覺最厲害的並非他永不放棄的求生意志，而是超乎常人的強運。縱觀他獨自居住在荒島二十四年（後四年有僕人星期五的加入），孤苦無依的折磨不在話下，況且少小離家老大回，父母早已辭世，兄弟姊妹毫無感情，這樣說來，可能也談不上好運。從另一個角度看，他幾度船難不死，棲身之島更是物產豐饒（野人所居的大陸反而貧瘠），連碰上食人族都不成問題；另外，當年漂泊巴西所開拓的蔗園，簡直是長達二十七年的「高利息定存」，反讓他「衣錦還鄉」，此生富裕。禍兮福兮，總之結局圓滿，夫復何求？

魯賓遜的好運，可能來自他的「好心」，畢竟古人寫一個冒險進取的感人傳奇，是不大可能讓一個頑劣可鄙的宵小之徒當主角的。但魯賓遜的好心，不光是一般的行善，而是觀念。在兩百多年前的歐洲，魯賓遜的思想算是相當進步。當他猶豫著要不要動手殺害那些吃人的野人（原書是以這個詞彙稱之，在此就直接沿用，先跟美洲原住民說聲抱歉），心裡竟能想到西班牙人侵略中南美洲，大肆屠殺掠奪原住民的殘忍行徑，他大力抨擊西班牙人的作為，同時反省個人是否有同等取人性命的權力。另一方面，魯賓遜還將野人部族之間相互殘殺啖食的行為，與自身宰殺公羊等動物的行為做比較，認為野人社會畢竟沒有這樣的觀念，吃人對他們來說天經地義，一如歐洲人烹羊宰牛，實際上，都是以他者之命維持我者生命。當然，做為智慧的萬物之靈，魯賓遜還是不容許吃人（我們也不可能允許啊）。魯賓遜好歹是十七世紀的人，觀念難免受當代潮流影響，例如他仍視星期五為忠心耿耿的僕人，而非對等的朋友（即便他相當善待星期五）。另外對黑奴的買賣、對其他野人的長相之形容還有對女性的認知，基本上還是屬於那時的主流思想。但他多半能站在對方的立場設想其文化背景與行為模式，已是難能可貴，也算是往好的方向成長。以魯賓遜立下的事蹟，在十七世紀根本算是聖人了。也許，古代俠之大者，首要條件不是武藝（於魯賓遜來說就是滿滿槍枝的火力），而是悲天憫人的同理心以及冒險犯難的勇氣，必要之時，還是得殺身成仁。我們都崇拜這種風範，全能無敵且懷抱惻隱之心，就像英雄電影的主角受到上天的絕對眷顧，才能夠成為一方神話。

念小學時，有一陣子學校在汰換舊的課桌椅，它們被大把大把地暫時丟棄在校內的圍牆旁，堆成一座大片的山丘，覺得壯觀或許是小孩視角的關係，現在來看，可能就一點也不大了。我們幾個調皮的小屁孩，無意間發現了山丘底下有個正好能鑽入的通道，進去後別有洞天，是個被亂擺的桌椅湊巧撐起的小室，容納我們幾個小鬼綽綽有餘。木材之間縫隙極大，採光很好，雖然悶熱，卻是個十足隱蔽的祕境，我們欣喜若狂，把那洞穴視為秘密基地，每逢下課就要跑進去共商大事，雄心勃勃地來趟刺激的冒險，甚至要抵禦外侮，絕不讓其他人隨意占領。不過，什麼大事已經忘了，連當初探險的夥伴都記不起來，印象只有某個同學一時不察，被損壞桌椅外露的釘子扎傷，害怕生鏽的鐵釘會感染破傷風，趕快送去了保健室，此後這座基地便被老師封印，我們再也不能為拯救世界而努力。沒過多久，整座桌椅山也被回收殆盡，我們的偉大理想也隨之灰飛煙滅。那時候的我們，都是勇於挑戰的魯賓遜，心中永遠藏著澆熄不了的熊熊烈火，他目標是航向世界的角落，見證世上無窮盡的繽紛；我們想去征服基地外所有的挑戰，想擊敗所有惡劣與奸邪的敵人。

誰想得到，魯賓遜被大海的狂風巨浪擊沉，我則是在日趨衰敗的未來中被現實擊倒，兩人最大的共同點，就是無所不用其極地活下去。但魯賓遜是昂揚的，他先蓋出營地、建造圍牆、開挖山洞，獵捕鱉與山羊充飢，後來甚至圈地牧羊、耕種小麥、採收葡萄，並自

製陶器、竹簍、桌椅以及獨木舟，他不只嫻熟野外求生的技能，更成功精通成一名拓荒者。魯賓遜不甘於現狀，他盡其所能地取得遇難船隻的物資，把荒島打造成專屬的王國，最後甚至化身救世主，帶著他的子民榮歸故里。我們都像魯賓遜，但也無法成為魯賓遜。我們做不到，因為生存之上，生活之下，我們通常是別人的屬民，在高不成低不就的領地日日庸碌，連想攢個房屋的權狀，只怕都是兩輩子才能圓夢的渴求，然後持續為別人活著，可曾覺得半分安穩？街友更做不到，因為社會不允許他們坐擁路邊或橋下的王國，他們也非國王，從未擁有任何一點「屬地」管轄權；他們在孤島獨活，從未放被在眼裡，每位撇過頭的行人捲起消不散的霧，將他們隔絕其中。

魯賓遜總認為，上帝為了告誡人們要珍惜眼前所有，提醒世人知足，往往都會讓他們看見比自己更不幸的人。所謂幸福的定義，或許真是比較級，可是藉他人之苦來彰顯自身之幸，這心態真的正確嗎？知足這件事，若不去接受現況的根本，又無止盡地擴充外來的慾望，那麼人比人只會比死人，來日發現身邊的親朋好友個個住豪宅、開名車，只怕壓抑的心又會蠢蠢欲動，哀嘆自己蹇命時乖了。

魯賓遜大難不死，卻也離不開小島，他反覆揣測上帝賜給他的境遇，懷疑不斷遭遇船難、流落荒島的悲劇，是上帝對他的審判；卻也責怪自己不聽父母之勸，慶幸能倖存於每一次的劫難，他在悲觀與樂觀之間衝突，最終選擇了認命的道路，上天沒讓他悽慘的死去，必有原因。專注學習、摸索不懈，他孑然一身，但有上帝相伴；他認為雖然在荒島終老仍是孤單，但意外獲得前所未有的平靜，除卻了人與人之間的摩擦，免去社會競爭的紛擾，突然能夠徹徹底底聆聽自己心靈的各種優劣，或許，孤島也非絕對的壞（有那麼多東西吃，我想也真的不算壞了）。

群聚動物都需要一座孤島，一座旁人絕對進不來的孤島，能在每個憤怒、悲傷、疲憊、軟弱的時刻讓自己藏匿起來，無需偽裝、無需委屈，此時此刻，就為自己而活。所有的負面情緒都源自於人，生存於社會，都逃不了與人碰觸的一天，但沒有人是百分百相同的，連雙胞胎都會出現分歧了，只要有不一樣，就會產生無法稱心如意的落差。社會中，有價值觀相反的家人，有作風迥異的同事，有失去熱情的戀人，有習慣大相逕庭的室友，還有數不盡的奧客云云……所謂和睦，並非虛情假意的表象，包容不等同於容忍，忍了，就是不再願意去嘗試溝通，任憑話語功能隨著沉默而流逝。那麼，這樣的結合，也只是逼不得已的生存，為金錢而姑息，為外人的眼光容忍，為害怕衝撞後難以收拾的後果緘默。最終，棲息在這座大陸中的我們，竟都比魯賓遜更寂寞，這片土地，都像野人住的地方一樣荒涼。無論再怎麼美滿、相愛、相知，有時候太黏膩、太密集，把自認最好的與最差的一面都加諸在對方身上，就會失去喘息的空間。攀附他人而活的，都是最孤寂空虛的心，被牢牢鎖死在「關係」兩字裡，等待崩潰來臨時，大陸沉沒了，人生也殘缺了，只留下懊悔。我們都需要找個孤島吶喊、狂奔，毫不保留地把氣力徹底放盡，然後再收拾好內心的碎片，才能重新去面對問題吧？真正不寂寞的人，是懂得領略孤獨的人。

但魯賓遜是個極端的例子，他不是《火星救援》（The Martian）的麥特戴蒙，幾乎一路順遂就能平安喜樂地重返地球，魯賓遜可是忍受著巨大的、超越所有人想像的孤獨。寂寞嗎？他太寂寞了。想像一下，在星期五出現之前，他於島上獨活了二十四年，徹徹底底地與世隔絕，世上的人認為他死了，他則不知道世界發生了什麼變化（換做今天，嬰兒都長到念完研究所了），父母兄弟、恩人夥伴，他不敢想也不該想，因為他已被困在這座荒島，多一份期望就多一倍失望，會變成反噬自己內心的黑洞，越想就越空虛，越想就越痛苦。更絕望的是目窮之處有片大陸，卻因為害怕被大陸的野人獵捕、擔心自製的小船撐不到岸上而作罷，就像提著一桶冷飲送給快渴死的旅人，扛著一鍋滷肉飯送給饑荒中的難民，把飲食之物擺在他們眼前，卻告訴他們：你用了可能會死。對魯賓遜來說，這應該是世上最遙遠的距離了。他還是希望有個人陪，所以一直策畫能從食人族手中解救俘虜；他也希望回到文明世界去，當聽聞被其所救的船長願意由其領航返回歐陸，竟不自覺放聲大哭起來。是啊！人畢竟是群聚動物，我們需要孤島，但不需要永久定居，我們無法斬斷與人的牽絆，再怎麼孤僻的人，都會期待有個懂他的人出現吧？對我們而言，所謂最遙遠的距離，反而是因為身邊的人太多且靠得太近，卻永遠無法理解對方。對街友而言，那些便利商店的食物以及匆匆穿梭的行人，可能就像魯賓遜與大陸、星期五的距離。

藍雨衣街友的每一步，都是一次使盡全力的艱辛對抗。他是否與魯賓遜相同，都曾有顆熱血犯難的心，為了年少定下的遠大目標劇烈跳動，在汪洋的逆流中迎向暴風雨帶來的滔天巨浪，幾經擊沉又復獲救，只為瓦解的碎夢放手一搏。幸運女神非但沒站在他那側，還帶著惡魔來狠狠肆虐，讓他一無所有，更失去最後拼命的武器——健康。白了少年頭，空悲切，所謂善惡是非，在生存之前，根本不足一哂。在這遙遙的浩劫中，任何樂觀與良知，是否都將燒成餘燼，再也無法對社會創造出的海市蜃樓懷抱一絲期待？我相信他仍握著一顆良善的心，雖然失望，也不願做出傷天害理之事。什麼是解脫？是繼續尋覓下個孤島，度過饔飧不繼的殘生？還是對命運做最後一次的反動，然後告別這炎涼的世態？還是……我不知道，他能有什麼選擇？也許，他很累了，他所棲身的寂寥之島，比誰都多，卻永遠找不到能接納他的大陸。每當我看見那位街友時，總有股衝動想與他說話，卻無從開口，要說只能為他祈求，或想像他心如止水，都顯得有些虛偽。我知道，這樣的我多麼假惺惺，也只是在此寫城市裡的魯賓遜，卻從未身體力行地為他做些什麼，然後對於自己，又落入了魯賓遜知足的定義裡，只能向外尋求肯定。我總想說：「若覺得現世安穩，歲月必然靜好。」可凡人如我，總想過上更好的日子，一想到當今擁有個棲身之所都何其困難，又想到街友的處境，再望望數十公尺處一坪一百多萬的豪宅，我深深地嘆了口氣，這樣的時刻，不憤世嫉俗都嫌矯情了。

給夢遊馬路的愛麗絲

這天的信義區仍然喧騰非常，走在堪稱台灣都心典範的人行道上，稍微滿足一下個人的虛榮，催眠自己也是個身價不凡的都會男士，瀟灑信步在這紙醉金迷的繁華鬧區，但實際上就是打腫臉充胖子，不過是跟朋友看場電影，吃頓簡單的便飯罷了。路上偶然看見幾位奇裝異服的男女，臉上畫著厚重的妝，深黑的眼影、霜白的粉底，戴著金色、藍色的假髮，看不出本來面目，但看得見昂揚的自信。他們應該是要去參加漫畫博覽會的Coser吧！即便到了這把年紀，我還是個愛看漫畫、愛打電動的魯宅，可我竟認不出他們扮的是什麼角色，只能說「生也有涯，動漫無涯」，要當上全知的動漫達人是斷不可能的。他們的妝感與服裝精緻度百分百，下了極大工夫，看起來也挺賞心悅目，我想，這樣就值得被讚賞了。他們擺好架式，跟台北101合照，或趁著行人限定通行的時刻，在十字路口中央拍出都市英雄的畫面，我猜應該是想拍出幾分澀谷的景樣。Cosplay的族群，在許多人眼中，還是非我族類吧？有些人甚至認為這是玩物喪志的浪費行為，而且要是看見他們搭捷運、騎摩托車，只怕暗笑或嗤之以鼻的人也不在少數。從外人的角度看來，這些Coser就像是宗教狂熱者或神智不清者，假扮成漫畫人物，又像是漫畫人物掉進三次元空間，很是違和。但對這些Coser而言，應該都將所有目窮之處看作綺麗萬象的魔幻世界吧？他們醒著做了場精彩的白日夢。

把城市化作動漫背景並冒險於其中，那是一種忠於自我的無限想像，唯有懷著赤子之心者，才能放下包袱使虛實相融。就如《愛麗絲夢遊仙境》（Alice's Adventures in Wonderland），童真是最大膽的創造力，愛麗絲雖然只是做夢，光怪陸離的奇遇卻是如此真實。我想，若真有愛麗絲，她即使醒來，也必然會把這場帶點驚悚、無厘頭卻趣味橫生的回憶，轉移到周遭的風景上。《愛麗絲夢遊仙境》早已是全球多數兒童都耳熟能詳的童話故事，拜迪士尼所賜，更讓所有小孩心中都住著一個金色長髮、穿藍底白襯洋裝的小女孩。這篇不談它雙關、諧音的文學造詣，畢竟我的英文比愛麗絲的中文還破，就算翻譯也無法體會原文的箇中滋味，就且讓它去，我也不談書中大量戲謔經典詩歌、童話的「翻玩」目的。我們就單看，這本書所凝聚的獨特創造性，然後再看一名大叔如何返還童年，不過也許希望人們真正看的，可能也只是我自己幻想出來與愛麗絲的一點點連結。

愛麗絲因為追著一隻會說話的兔子，掉進深不見底的洞窟，在地底碰上各種荒誕不經的怪事，說真的，她遇到的事件與角色，不知是不是我資質淺薄，都覺得太過匪夷所思，無法理解抽菸斗的毛毛蟲、任意消失的柴郡貓……究竟整本故事的寓意為何，我總是參透不了。英國牛津是愛麗絲夢境的原形，此說向來沒什麼好存疑的，猶記來到牛津的基督堂學院（Christ Church College），傳聞這座由學院圍成方形的翠綠草坪，就是皇后進行槌球大亂鬥的場地。如今造訪基督堂學院的亞洲遊客，恐怕大多數都是為了學院餐廳（The Great Hall）而來，畢竟那可是哈利波特電影中霍格華茲學校裡的大食堂靈感來源，在沒有好好認識愛麗絲前，我去牛津的目的也不外乎是為了這個。偌大的綠茵草地，在古典教堂式的建築環繞下，氣勢恢弘，略帶深褐的象牙色外牆又為此染上些許暖意，你彷彿見到愛麗絲抱著充當球桿的紅鶴，因無法順利擊中被當做球的刺蝟又怕會得罪皇后，產生倍感懊惱無奈的表情。學院外的英式庭園，有幾間美麗典雅的小房子，受盛開的花叢簇擁，我不禁想著，愛麗絲喝下藥水而不斷變大，那個被擠得狼狽不堪的白兔寓，是不是就像這兒呢？散策牛津，愛麗絲的身影隨時可能出沒整座古鎮，牛津豈止是大學，更是

對英式古典無窮想望的現形，同時，它絕非在《變形金剛5》奇想接點失敗得一蹋糊塗的場景濫用。

愛麗絲到底在哪兒夢遊呢？所謂地底的王國，仍是Lewis Carroll毫無拘束的腦袋吧！在Lewis Carroll創作這段奇幻旅程的時代，這裡的生活遠遠比現在簡單許多，他在此完成學業，與Westminster School的校長結交成好友，認識了他的三位女兒，在河上的小舟裡對女孩們講述了這個故事。他是如何發想的？生活中有什麼場景與經驗能賜予他靈感？來到牛津，我發現答案或許就在這裡。其實整本故事都是作者意念的再造，天真又有點傲嬌的愛麗絲，是模仿一種原型再摻入個人想像的創造，每個愛麗絲所遇上的環節，都是一個大人試圖還原童年的轉換，他或許把一些長大後可能會碰上的挫折，都投射到匪夷所思的人物上，像是不可理喻的皇后，像是懦弱又見異思遷的國王，我們身邊確實不乏這種人。過程驚濤駭浪但有驚無險，童話給人的是憧憬，是期待建立的美好人生，而作者可能也思考著究竟什麼樣的奇遇會讓小女孩感到疑惑、緊張和歡笑，同時也朝著隨時可能消逝的純真自我喊話。後來想想，難道童話非得有什麼目的或涵義，才能說給孩子聽嗎？就算我相信作者Lewis Carroll必然融入了個人經歷，或許也不必深究了。

愛麗絲醒來，搖頭晃腦，一邊喃喃地說著奇怪，一邊跑回家吃下午茶。留下來的姐姐躺在草地上，意欲進到愛麗絲的地底王國，她仔細聆聽周遭，放空去感受大自然的迴響，結果她還真的見到了奇幻王國，但當她一睜眼，便知道這自己仍身處在這乏味的世界。她發現白兔先生經過時所發出的沙沙聲不過是風聲；老鼠嚇壞時的游水嘩啦聲也只是池塘蘆葦拂過水面罷了；三月兔、帽匠、睡鼠將下午茶的杯盤敲得喀喀作響，那是源自於遠處羊兒搖晃的鈴鐺聲；皇后聒噪地嚷嚷著要砍人頭，不過是牧童趕羊的吆喝；假海龜的啜泣，其實是牛隻的低吟；其他聲響，也都只是農地的各種喧鬧。姐姐覺得愛麗絲即使長大，也一定會像現在這樣保有單純的心，過得簡單快樂，她也會永遠記得童年時期的夏日時光。

童言童語，赤誠的單純，讓孩子們把想像塑造成真實，孩子們的世界，沒有邊界，他們說夜晚窗外飛來一位朋友，那就是活生生的彼得潘；他們說看見天上有巨人，傑克與豌豆的故事就在那裡發生。不只是被微風吹動的綠色樹影，也不只是天上大片的雲海，任何事物都可以是他們聯想的養分，每個看過的畫面，都是一幅充滿故事的繪本插畫。Lewis Carroll是否在字裡行間暗藏了許多隱喻與諷刺的密碼，我無從揣測，但他與三姊妹的人生自然不盡如愛麗絲這樣奇幻、美滿。也許，人活得越久，就越想回歸母胎去做個小孩吧？Lewis Carroll在寫下結局時，是否曾這般希望——祝福三姊妹都能像愛麗絲一樣，一生這般無憂無慮，能帶懷滿滿的童真赤誠，去看待世上一切的變化。

所謂童話，都是大人們洗鍊後的反璞歸真，隱喻著人間風波，也寄藏著畢生盼望，用天真爛漫的思維貼近童稚的純真。每本童話，都是一個成年人的自由幻夢，若我們讀來覺得無聊天真，只因現實讓我們不再接受天馬行空的創造力，或讓我們不再相信單純美滿的結局。曾幾何時，我們對於人生雖有嚮往，卻很難相信能夠將夢想一一實現。天真、單純，在長大後卻往往與愚蠢畫上等號，可這不就是人性良善的本質嗎？毫無保留地跨出步伐去表現亂七八糟的創造力已經成為一種過去式，但如果不犯法、不侵犯他人、不衝擊道德（何況道德的界限都如此模糊了……），為什麼還要飽受他人批評的眼光？

台北有個傳奇，念大學時，偶爾在宿舍，會突然聽見外頭有女性以捕魚歌的曲調清唱「阿彌陀佛、阿彌陀佛、阿彌陀——佛——」，她的聲音宏亮，歌聲忽遠忽近，好奇如我常是只聞歌聲響，不見吟唱者。偶然有次在夜市外又聞歌聲，尋聲一看，竟是位中年的歐巴桑，她留著短髮，騎著單車，也不跟人搭話，恍入無人之境，逕自唱著「隨喜歌曲」，旁人莫不覺得可笑，我卻覺得她頗有福報，四處散布佛法「福音」。她也是都市傳說一則，還上過新聞，網友稱她為「阿彌陀佛姐」，多年以後，她甚至換了首曲子，改版成聖誕歌，出沒的地方更廣更遠，但她仍精力充沛、中氣十足，我都懷疑她是不是當過單車競輪選手。而她如果願意推出EP單曲，我絕對會第一個支持！

無論是Coser或阿彌陀佛姐，都有人認為他們是神經病，他們皆被當成笑話。然而，是嗎？誰又知曉後者的這半生，有什麼理由讓她數十里走單騎，為人群飆歌祈福。我倒覺得現實更加瘋狂，真正可笑的是那些停止思考、創造、做夢且日漸僵化於體制而不辨是非的愚者。年歲越長，流逝的真誠越多，這也象徵著原本的自我逐漸被受到的傷給風化、侵蝕。小時候，我們被教導要發揮想像力、要衝破限制的框架，但成長卻訓練我們，逐漸向統一的觀念靠攏，只因統一就能免了管理的麻煩，於是我們逐漸拋開個人色彩，避免太過獨特的奇想、太過特殊的行為，害怕會被貼上「奇行種」的標籤，可能只有追求名利這件事，人才能稍稍與眾不同吧？長大的路上，我們了解「群體」的重要性，卻也被群體制約、束縛，保守的枷鎖仍未完全解開，總還是要跟其他人一樣，我們為了普世價值與社會期待而活，特立獨行被視作怪奇，於是開始憂讒畏譏，收起羽毛，不再振翅。在這裡，除了用功讀書，選對科系，乖乖遵從被指定的大方向，其餘好似一無是處。剝去每個人極具特色的彩色原衣，削弱每個人獨自懷藏的創造能力，只因不是主流好賺錢的模版，所以沒有未來而不被認同。反正庸庸碌碌，大部分人做什麼，我們就做什麼。小時候，覺得家裡、學校甚至從家裡通往學校的路，都是一個又一個世界；長大以後，才知道窮極一生也無法探索，只因世界太廣、太大。小時候，想像著世界是自己未來的舞台，能任我們隨夢想恣意漫遊；長大以後，才發現世界不過就在生存與生活間游移，原來世界很窄、很小。歲月旅途，我已遊歷許多，雖嚐過不少酸甜苦辣，但也還未嚐盡人生百態。

迷戀二次元，或許是三次元使人太無力，這個浮華世界，這段若夢浮生，難道會比幾乎是美好結局的動漫與遊戲來得圓滿嗎？人生在世，如夢幻泡影，每當難以留戀現實，誰都需要一個避世所，讓虛弱的靈魂喘息，我們都有權利張開雙眼，夢遊一場。我仰望101，突然全身漆黑的超巨大生物一躍而上，那是來自骷髏島的金剛，身旁飄著幾位敦煌的飛天，他們只是操弄樂器，像在看戲一般頷首微笑。樓下是身形不一的恐龍群，因為受到驚嚇爭相亂竄。市政府那頭，我看見穿著一身黃色緊身衣、紅色披風的光頭男子若無其事地走來，那正是《一拳超人》的琦玉老師！真想知道到底是誰的拳頭能夠獲勝呢？我絕對不會說，金剛只是一團烏雲的倒影，飛天是雲中穿透出的晚霞，恐龍是行車，琦玉只是個頂上無毛的路人。啊？我說了。你問我這毫無邏輯，錯了，在我的夢遊仙境，哪裡需要邏輯呢？至於，那些Coser、那位阿彌陀佛姐，不管他們嗑了什麼，我都覺得可以來一點。

不是海明威的老人與不是海的陸路

年紀越大，是否覺得年味越淡？現代都市人似乎更顯如此。除了幾個至親，過年勢必要面對一期一會的親戚，若只是噓寒問暖就能結案還好，偏偏有時遇上特愛挖掘各種隱私的好事者，被那些可讓他們羨慕嫉妒驕傲或暗自嘲諷的問題combo連番轟炸，就會吃不消了。即使他們沒有惡意，只是為了消除不熟引發的尷尬而問，但也著實讓人精神耗弱不少。最驚悚的，莫過於領到的年終都得塞進紅包袋中發出去，些許本俸可能還得倒貼。想不到兒時最期待的節慶，長大後反而走鐘成為最煎熬的關卡，不由得一邊被自摸，一邊感嘆：當孩子真好。春假後的元宵，反倒以終結新年之姿降臨，全國張燈結綵，比初一還熱鬧。這時獨自湊熱鬧也好，親朋好友相聚也罷，緩衝了開工的厭世感，氣氛竟變得輕鬆。

人潮洶湧的燈節，五光十色的絢爛，除了主燈，還有學生被要求集體趕工的作品、滿是企業廣告而毫無包裝的贊助區，配上一整條人氣最高的美食攤販，元宵的市儈，因為合乎現實，所以趣味橫生。當然，也有精緻又極具藝術質感的專業花燈，如一盞盞繪工細膩

的燈籠，傳統又不失活潑，恰似一股清流。我注意到遊人穿梭的展區一角，一位頭髮花白的老師傅，正在壓著竹條，不知是在修補，還是在製作一盞傳統的大型燈籠。老人獨自以熟練的動作沾黏樹脂、彎曲竹條，毫不拖泥帶水，他雙眼瞇成一條細線，眼神專注，通過他的雙眼，可以見得數十年如一日的反覆積累及一生只做好一件事的完滿。老師傅雖然技術純熟，卻有些疲態，偶爾要停下喝幾口水、甩甩雙手，其實，他的速度已經相當快了。歲月不光為他臉上開鑿條條細碎深谷，也逐漸關閉了他體內一座座發電廠，如今，能源已供不應求。老人沒有夥伴，他自行修復一盞盞燈籠，身邊的人群偶爾好奇瞥個兩眼，但有如潮水流過而不曾止息，這片人海宛如汪洋，老師傅則像是在海上跟一條大魚對抗。

就像《老人與海》的聖地牙哥，如此孤獨又如此堅毅。聖地牙哥是住在古巴小漁村裡經驗老道的老漁夫，他多半獨來獨往，不跟其他漁夫結伴出海，他總一葉孤帆，與海鷗相伴，隨浪潮尋找未知的對手。可聖地牙哥並非徹底的孤僻，常常跟隨他捕魚的男孩馬諾林，每天都追著他一起出海釣魚，更有趣的是馬諾林照顧老人大部分的生活起居，他們默契十足、莫逆於心。就像《經典老爺車》（Gran Torino）裡喪偶後獨居的華特（Walt），和兩個孩子的關係比和老狗的關係還陌生，而他最信任也最熟悉的對象竟是隔壁新搬來的一對年輕苗族移民後裔姐弟，他們使他獨自面對自己的脆弱並放下了歧視與成見。

聖地牙哥最愛跟馬諾林討論那天洋基隊的戰況，更喜歡講述自己精采的前半生，他曾在大船上擔任水手，曾遠渡非洲，還有他每晚都會夢見的這段回憶：在寧靜的海上眺望黃昏時的金色沙灘，沙灘上有一群雄獅自由的休憩著。「薄暮中，這些獅子像嬉戲的貓咪，讓他心生憐愛，就像他打從心底憐惜那個男孩一樣，但他從來沒有夢到這個男孩。」聖地牙哥內心如火，那股身為漁人的傲氣從未消逝，正如雄獅，即使嬉鬧，又有誰質疑過牠們的剽悍與威儀？老人不必夢見男孩，因為他在男孩身上看見另一頭猛獅，而那頭猛獅，亦是他自己。

聖地牙哥是個頑固至極的硬漢，對於挑戰從不屈服。或許年邁的疲憊偶爾令他困窘，結實而耐操的身軀已不復見，但老人心中仍住著少年的自己，為生計揚帆，更為自己的天命揚帆。能見大魚，如見大敵，這場無人知曉的君子之爭，悄悄上演。最難擊倒的敵手，往往也最值得敬佩，老人把巨大的馬林魚視為畢生難逢的對手，認為牠更大、更美、更強壯、更安詳，大魚的身分因彼此不捨晝夜的抗衡而昇華成聖地牙哥此生難尋的朋友。老人欽佩大魚堅忍不屈的求生意志，他一面與大魚對決，一面想著「由牠的舉止儀態和偉大的尊嚴來看，誰也不配吃牠」，若沒有與其公平公正的一較長短，誰會夠格享有牠豐美的恩澤呢？聖地牙哥想釣起大魚，不只是為了可觀的收入，更賭上他身為漁夫的自尊。老人充滿韌性，他像大魚，大魚也像他，我見老師傅與燈籠之間的拼博，亦是如此。

然而，一個人的大海還是難掩遼闊對映的空虛，當眼前無際無窮，身處在寂靜無盡的海面上，總要排遣過度的沉澱。老人止不住幻想、停不下自白，也擋不住回憶來襲以及對身體老化的不耐。老人不時與大海對話、與鷹鳥對話、與大魚對話，也與可憎的鯊魚對話，自顧自地把周遭所有生物視為同類。更甚者如《浩劫重生》（Cast Away）的主角查克（Chuck），在孤島上唯一的朋友「威爾森」（Wilson）還是顆像人臉且沾上血手印的排球，但查克跟這個無生物一聊就聊了四年。實際上，在日夜蒼茫之間，這些都是自己與自己的對話，唯有如此才能排遣枯燥與不安，讓喃喃自語的獨白把內心所有壓抑的情緒盡數掏空，可無人回應就只能再次吞嚥而下，繼而陷入不斷反芻的循環。聖地牙哥不斷叨念著男孩要是在就好了，殷殷企盼馬諾林能陪伴著他，那位形單影隻的孤高漁夫也難逃大自然的原始之力，群體與個體之間還是得取得平衡，聖地牙哥能夠領略孤獨，或許就是因為他身邊仍有馬林諾吧？

倘若一個人將內心封閉起來，就算是再熱鬧的世界，也無法使他感受到歡愉。倘若連自己都無法面對自己，又何況是其他人呢？聖地牙哥的自若對照海明威舉槍自盡的悲劇終點，讓人加倍唏噓。海明威歷劫於太多殘暴肅殺的戰場，他的親身經驗與擔任記者的求實精神交融，贏得無數榮耀，這些卻也不斷折磨著他的心智，與多年肉體傷病的折磨交雜，即使身邊不乏親友，他如懸深淵的內心又有誰能感同身受、能治療哀痛？聖地牙哥與海明威的孤獨並不一樣——聖地牙哥的孤獨源自於一個人面對大自然時會發現自己的渺小；而一個內心寂寞的人在面對人群時感受到世界之大之空曠得讓人絕望，這便是海明威的孤獨。聖地牙哥懂得獨處，漁歌不輟，他的精神孤高昂揚。海明威是否曾將步步塌陷的心房寄託於此，奢望能透過聖地牙哥撐起他的傾頹，好讓他遠離比深夜汪洋還幽暗的黑夜，這我們就不得而知了。

也許這就是聖地牙哥再怎麼勤奮堅決，《老人與海》仍被不少人視為反積極的哀傷寓言，宛如西西弗斯永無止境地推著巨石上山，又總是在登頂前功虧一簣。「老人的帆布上縫著幾個補丁，用以遮蓋破洞，整個捲攏之後，就像一面永遠打不了勝仗的敗軍之旗。」聖地牙哥沒有添購良好設備的資金，他唯一的武器只剩毅力，故事早已暗示老人與大魚之戰的結果。若只是釣了些半大不小的漁獲，頂多也是維持生命基本所需，攢不了多少錢，還是得日復一日地出海，何況聖地牙哥出海八十四天都全數槓龜，這種衰運也是世間少有；但當他與此生釣過最大的魚浴血博鬥且將能獲得可觀收入時，發現沒有合適的載具可以存放這條魚，只能讓大魚之軀與船並游，任憑絡繹不絕的鯊群上門分一杯羹，最終聖地牙哥僅帶回一具令人驚嘆的龐大骨架，這般徒勞無功，使他繼續困在貧困的輪迴中。聖地牙哥是諸多社會底層階級的寫照，貧窮雖然是困擾，但老人的心靈畢竟豐富，還有男孩能夠傳承接下著他的美夢，但是有太多人一輩子庸庸碌碌，也許曾靠著年輕力盛享受短暫風光，終究難逃歲月更迭所帶來的力不從心，日子的難過與體力的衰弱成正比，多少拼盡全力爭取的功業，可能都被那些按兵不動的貪婪自私之徒「撿走尾刀」，待暮年之時，才驚覺自己的風光不過隨海風醃乾，鹹得無法下嚥，比流入嘴角的眼淚更苦、更鹹。於是，他們只能放逐、只能孤苦。

每個懂得擁抱孤獨的人，都是極其幸運的，每個人的生命也許都有過不少駭浪，可能被群鯊虎視眈眈，可能像聖地牙哥白忙一場，或是像查克回到家鄉才發現妻子誤以為他罹難而改嫁。失望誕生的當下沒有人會不難過，但至少這些終非絕人之境，補網備餌，明朝再乘風破浪；與妻好好道別，明天要再次回歸文明的未來，一個人，也不算太差。

我想，我何其有幸，可以視孤獨為一種享受。再怎麼愛好熱鬧的人，也會有需要獨處的片刻，藉此消化壅塞的思緒與身心的疲憊，就像不會有全黑的條碼，因為留白放空，才能使其感應出價值。我特別喜愛夜闌人靜時的獨處，在偌大的都市彷彿睡著了一般，不再有喧囂亂耳，不必面對白天大家都甦醒的紛擾躁動，靜下來將煩惱和雜念能拋就拋、當棄則棄。街上偶有呼嘯而過的引擎聲，那也只是驗證眼前的世界是多麼寧靜，靜得可以讓人回憶、自剖、幻想，沉浸於自我與自由之中。就像那些在捷運上、咖啡廳裡戴著耳機的人，他們什麼事也沒做，就只是發呆，因為孤獨時的徹底放鬆堪比加班後的睡眠補充，令人陶醉不已。套句文青們最愛的村上春樹之言：「沒有人喜歡孤獨，只是不喜歡失望。」

我行我素的聖地牙哥是否也曾吞下太多難以咀嚼的失望，就像逼不得生食噁心的海豚肉，從此發覺住在海邊的簡陋小屋比在酒吧廝混更快活？也才發現一個充滿天真勇氣的少年比自己見過的太多大人還值得深交？年歲增長，虛與委蛇變得很難，拿出勇氣堅持原則更難，漸漸明白化陌生人為知己的動力越少，但也越發重視那些屈指可數的親人、至交以及你畢生摯愛，也發現相聚以外的時光同樣彌足珍貴，無論如何我們的心裡都只住著自己。有時，待在一群狂歡冶遊的朋友身邊，心中其實覺得自己格格不入；有時，站在陽台看夜色漸光，反倒像和自己打了一場暢快淋漓的架，或像和自己互相吐槽了一整晚，心滿意足地倒頭就睡。

最後一場燈光秀結束了，這一年的燈會也隨著掌聲告一段落，遊客心滿意足，作鳥獸散去。老師傅完成了最後一盞燈籠的修補，在這不甚酷寒卻也帶有三分涼意的元宵，他花白的鬢角竟流下一行熱汗。此時，我見老師傅舉起燈籠，揚起一抹微笑，眉角的青筋微微牽動著一張載著勝利與驕傲的容顏，那不是征服，那是經歷了一場用盡全力的高手交鋒，而老師傅與燈籠是一生的對手亦是一生的朋友。人流漸稀，忽然他抬頭，見頂上有顆燈籠好似破損，也許是遭到遊客有意無意的毀壞，他長嘆一口氣後，仍掛著淺笑。此時，他終於開口，不是對我，只是呢喃了一句：「明天再補吧！」大海之上，有老漁夫叨叨絮絮，宣洩孤獨；人海之中，有老師傅沉默不語，遺忘孤獨。無論身在何處，他們都是完整的自我，專心面對本命的安排，得失不計，但求不忝自尊。老師傅收拾工具，蹣跚起身，隨著盞盞熄滅的燈火消失於夜空，沒有人跟他說過半句話，但我知道，老師傅此時內心豐足，他孑然一身，但品嘗孤獨並不寂苦。我都忘了自己也是一個人，見會場復歸平靜，只剩昏黃路燈點著，舉頭一望，真正又大又圓的燈籠現在才高掛天上。啊！正月十五啊！我循著月色走回捷運站，心想：希望每個人的孤獨，都能有被打破的一天。

第二章

特效滲入經典

虛幻融入現實

被哥吉拉包圍的房子

難得的某個假日，總算有空回港都的家裡，除去不時會令人置身仙境的PM2.5，乾爽跟溫暖的氣候總是遠比首都濕冷到長香菇的環境來得舒適。午後陽光灑透了落地窗，冬日的顏色如此潔白，我坐在地上，看著窗外大露臺上長得茂盛的植栽們，明明是市區裡的高樓，但時間過得比市區慢。

忽爾花樹叢間一陣晃動，一道灰色的虎斑身影跳了出來，因盯著過度閒適的光景出神，瞬間還沒意識到發生什麼事，只有充滿龐然大物拔山倒樹而來的既視感，定睛一看，不由得啞然失笑，原來是我家的喵星人。被牠驚擾，突然一陣精神抖擻，我想伸手摸牠，牠卻瞥了我兩眼，逕自瀟灑走到椅子下，呼呼大睡起來。我看著牠翻肚的睡姿莞爾，總覺得有些失落，索性起身出門，到沒開多久的購物中心閒晃。

購物中心樓層不高，但幅員遼闊，戶外的空間更是足夠，很有南部都市的模樣。我見花圃附近有對情侶拉著半大不小的動物溜達，原以為是狗，注視看那優雅輕柔的步伐，才發現竟是隻橘黃色的貓。偶爾會看到有人把貓放在身上出門，但當真沒看過溜貓，貓願意「牽人」散步，也是都市趣聞。看牠跟主人相處融洽，立刻想起大概還睡得昏天暗地的那隻胖貓，對了，忘了介紹，牠叫做大寶。自撿到幼兒的大寶開始，至今已過六、七年，這段期間多離鄉背井，幾乎沒什麼真正相處的時間，想當然爾，就像常年外派、幾個月才回家一次看小孩的家庭關係，疏淡。所以每當我回家，我跟牠相看不厭，但也不會有什麼親暱互動，除非牠那天心情特好。只不過人類的天性應該真的有缺陷，沒事就會浮現捉弄一下寵物的惡趣味，既然牠不給抱也不給摸，那我就把自己想像成一隻滔天巨獸，然後大步大步對牠層層逼近，看牠滿臉不屑又無奈的逃跑，然後再追上去，反覆到玩膩了為止，真是無聊到極點的主人，對吧？

大寶看我，應該就像每隔一段時間就會登陸肆虐的哥吉拉吧！不折不扣是個麻煩。大寶對我都如此了，其他動物若缺乏與人相處的經驗，看到人類更會避之唯恐不及吧！幸好我們沒這個煩惱（還不都我們造成的），身邊從沒出現過這種超級大怪獸。但也許人類天性真的帶點缺陷，越得不到，越想要，反而讓我從小就期待牠們的出現。年幼時偶有機會到海邊，我都會用盡全力張大雙眼，搜尋大海最遠的彼端，看是否會冒出什麼，每去必問：「會不會有鯨魚？會不會有哥吉拉？」可惜海平面波瀾不驚，只有與天共一色的湛藍，失望如我，通常只能把奇形怪狀的雲幻想成各種超大的怪獸，在海上來場世紀大對決。

信步隨想，正好逛進一間模型玩具櫃位，展示架上擺著各式姿態的哥吉拉模型，比大寶還要大上幾分，牠齜牙裂嘴，隆起山稜般起伏的背棘，漆黑的身軀儼然帝王之姿，看得我心癢難耐。還好，這世上唯一能阻止自己擄走哥吉拉的方式，就是窮。沒錢認養，只好望窗興嘆。哥吉拉，大概是每位東亞小孩的共同回憶（也許還是世界小孩的回憶），記得剛搬家的那天，心中異常興奮，不只是有個八樓的新家，更想到如果哥吉拉哪天來訪，我的位置或許正跟牠一般高，搞不好可以騎在牠背上呢！這個想法，到了半大不小的年紀，仍舊童心未泯，看著我家的貓，會幻想，從家中露臺遙望85大樓，更會幻想。童年懵懂，看牠恣意破壞日本，還看得樂不可支，玩積木一定要堆座高樓城堡，接著學哥吉拉仰天長嘯，毫不留情推倒眼前的積木之城，啊！還有什麼比當個地球霸主更加爽快？年紀稍長，才漸漸懂得哥吉拉象徵的意義，原來哥吉拉代代更迭，最早是核彈災難下的受害者，也是太古類恐龍巨獸，即便牠的登岸幾乎意味著毀滅，但有時也毀滅其他怪獸，幻化成保護日本的國民英雄。

這些擺出來樣貌各異的版本中，好萊塢的哥吉拉尤其讓我喜愛，原因當然拜電影科技所賜，大螢幕上的哥吉拉就像活生生在我眼前，永遠記得當牠最後噴出招牌藍色烈焰時，幾乎要拍案叫絕的興奮感。後來日本東寶也重新推出睽違十二年的《正宗哥吉拉》，兩部都探討了人類面對未知超大型幻獸時的渺小，以及如何建立起與牠們的生存平衡。總之，信哥吉拉的人有福了，幾年內可以一直見到哥吉拉上岸，甚至連巨獸電影始祖《金剛》也有繼承者來場巨怪大合體，讓我們這些愛獸成癡的善男信女可以快樂個好幾年。

現代哥吉拉重出江湖的原因，實可歸咎於人類的開發，攪亂一對四不像巨獸「穆透」沉睡已久的清夢，為傳宗接代，穆透夫婦一心想來趟環遊世界的產卵之旅，順便把人類世界搞得天翻地覆。哥吉拉完全不打算成全這對萬年愛侶的小小心願，特地醒來追繞了半個地球，也只為狩獵和宣示主權，可謂另類的一往情深。穆透也好，哥吉拉也好，當牠們從漫長的沉睡中醒來，地球已變成我們這類「迷你物種」的天下，牠們僅憑著本能找尋生存空間，但對一步十里的巨獸而言，這個世界突然太過狹小，動輒得咎。

還好地球沒有穆透，也沒有哥吉拉，連侏儸紀公園也與我們很遙遠。我們所知的大型動物，很少有衝進都市大鬧的情況，縱使有，跟哥吉拉大鬧的程度也是天壤之別。好萊塢版本的哥吉拉除了在追捕穆透的過程中會間接破壞人類世界，但幾乎沒有動機令牠直接對人展開攻擊，當牠擊殺穆透精疲力竭倒地，起身後竟然頭也不回直奔大海，煞時成為人類救星，其實有點戲謔。以往版本的哥吉拉也有類似的劇情，這是很幸運的設定，把哥吉拉人性化了，這應是人類對巨型動物的友好想望。陸地有象，海洋有鯨，兩種堪稱地球最有力的動物，卻鮮少主動襲人，除非遭受虐待或生存空間遭到侵擾，才必須反撲，因此我們也把類似的情感投射給哥吉拉，希望牠能做個溫和的好朋友，必要時還能拯救地球。不過就算哥吉拉對人類不感興趣，牠與穆透闖入人類世界的影響，依然反映了人跟大型動物爭奪棲地的不爭事實。尤其都市，舉目所及，雖同是叢林，卻是人類才可居的水泥叢林，幾乎無法在壅塞的市區看見大型動物，我們擴張得越多，牠們生存的空間就越窄。偶爾聽聞老虎跑進村莊、鯊魚攻擊衝浪客的新聞，看似牠們不請自來，但若非人類的開發間接造成全球暖化，雨林砍伐、海水增溫，動物又何需大老遠遷徙呢？在海水浴場或衝浪或潛水時見到大型的鯊魚，絕不只眼睛有業障，而是人們的集體共業吧！我們汲汲營營不過為求餬口，鯊魚沒有金錢壓力，但有斷糧危機；我們花一生積蓄只為求安身立命之所，鯊魚不需置產，但可能被迫遷居；我們渴望歐美生活，鯊魚入厝衝浪聖地，都是原生地環境欠佳，只渴求過上「正常」的「日常」。萬物同源，原來，我們這麼近。現在來重看哥吉拉，真是對人物共存的反省，也是對人類妄尊自大的警示。

既然看見哥吉拉，必然會想到準備與其爭奪天下第一的「金剛」。其實金剛才是促使哥吉拉誕生的元祖，就算翻拍次數不多，做為巨獸電影的先驅，金剛一手抓著美女演員，一邊攀上帝國大廈（或後來翻拍的雙子星大廈），捶胸頓足著對螺旋槳式戰鬥機怒吼的經典畫面，依然深入人心。我最初接觸的是2005年彼得傑克森（Peter Jackson）的翻拍版，當時只覺得爽片一部，畢竟高中生太無知，眼中只剩下升學。如今想想，哥吉拉跟金剛不啻為值得讓學生思考人與巨型動物關係的好教材。總之，時過境遷，真正讓我對金剛重燃興趣的，是某個二手拍賣網剛創立時的宣傳廣告，黑白電影的復古風，特攝電影效果的人偶金剛，因為換了手中的新漂亮女孩（其實是芭比娃娃）而欣喜若狂，十足幽默，也讓我去思考過去電影中金剛與貌美女主角之間的關係。

如果說《哥吉拉》是無法避免的突發災禍，是人與大型動物生存空間對抗的隱喻，那麼《金剛》裡的人類就顯得咎由自取，是人類慾望與生態反撲的隱喻了。人類因為慾望驅使闖進骷髏島，像西班牙征服者入侵中南美洲，徹底破壞了封閉島嶼的脆弱生態平衡，高智商的超巨型猩猩，就這麼被迫遠離家鄉，魂斷異域，電影中無所不用其極，把金剛綁架回紐約的導演Carl Denham，在金剛重重從摩天樓摔下而死後，留下該作最經典的名言「It's beauty killed the beast.」又該怎麼解釋呢？是金剛魂牽夢縈的夕照令牠想起美麗的家鄉，所以躍上高樓變成醒目的活靶？還是美麗的女子令牠不顧一切保護而至死方渝？我相信都有，更相信是因為牠太過美麗，所以被人類無止境的好奇與欲望所害。而人類同樣蒙受了金剛怒火造成的損失，只有兩敗俱傷，沒有贏家。《金剛・骷髏島》也承接同樣的概念，人類挾帶武力侵門踏戶，這叫金剛如何不反擊？片中對金剛幾乎無欲也無懼的只剩下男女主角，當女主角想單憑一己之力把壓在巨型水牛身上的直升機搬走，金剛看見了，牠明白就算這些入侵者多半不懷好意，但總有幾個善類能和平共處。這也是典型的人性投射，不過至少有別於過去的金剛，減去了猩人之間曖昧不明的惡趣味，多的是傳達巨獸與人之間互信與尊重的期望。

金剛屢屢揭櫫人欲的醜陋，對非我族類無盡的榨取。就像我們曾以追獵世上最大的動物為榮，但當需求早已不在，捕鯨文化卻仍未止歇，但真有這些必要嗎？《白鯨傳奇：怒海之心》裡，男主角歐文・蔡司的捕鯨船隊徹底遭白鯨壓倒性的摧毀，更幾度被白鯨追擊，經歷了死傷慘重的海上逃亡。當最後白鯨尾隨而來的龐大身影再次盤旋於救生艇之間，他勉強撐起幾近瀕死的殘軀，緊握銳利的漁槍，一邊強忍遍布全身的驚恐，一邊逼出僅存的復仇意志，但當白鯨浮出水面，僅露出一只澄澈深邃、碩如明月的眼眸，以及眼旁那根被歐文射中、深嵌不落的魚叉，兩個物種一瞬之間的相互凝望，卻宛如一場世紀之長的交談，歐文體認到世間萬物的主宰並非專屬人類，捕鯨船已經比鯨魚還大，人卻依舊如蜉蝣般渺小，汪洋深處或許只有這麼一隻白鯨，但足以給予人類沉痛的代價。這群恣意悠游的巨靈，不是不反撲，只是不願罷了。「為什麼不能單純乘著風帆遠渡，與世上最大的動物共游同一片海洋？」也許這念頭曾在歐文心中一閃而過。人類已擁有太多，多的是貪求無饜且非必要的追尋。我們何不做一個隱藏的旁觀者，欣賞這些巨大動物健美悠然的姿態，在叢林穿梭，在原野馳騁，在大海徜徉，有點距離感總是最美，正如《侏儸紀公園》（Jurassic Park）的經典名句「生命會找到出路」。何其慶幸自己正在玩具店一派清閒地「window shopping」，單純欣賞那幾尊栩栩如生的「神像」就能獲得滿足，要是金剛跟哥吉拉真的出現，我一定哭爹喊娘的逃之夭夭。這種關係如同戀愛，總要有一段屬於自我的空間，才能和諧長久。那麼，就讓野生動物的自由，當作我們最奢侈的欲望吧！既然自詡萬物之靈，又感「人之異於禽獸」，那麼保護這些大型動物的生存權，也當是人類擁有絕高智慧的靈性表現了。

或許野生巨獸要保持最夢幻的距離感，但有些大型動物也與我們的生活緊緊連結，甚至支撐著人類發展。長久以來諸多物種已融入我們的生活圈，像牛馬豬羊自然不在話下，人類對肉有直接的慾望反應，代表天性使然，無可厚非，只不過飫甘饜肥時，更該懷抱感恩之情，畢竟獻出肉身，沒有什麼比這樣的受惠關係更直接了。當然，光談吃未免顯得俗氣，談談動物的勞權好了。之前有則老翁因為相伴十幾年的牛走失而老淚縱橫的新聞，許多老一輩們不吃牛的原因其來有自，因為受惠於牛之勞力，漸把這種感激演變成習俗或禁忌，探其原委，如此飲水思源的心情，實在值得敬仰。猶記退伍那年獨自去了趟歐洲，在世界最繁華城市之一的倫敦，竟能常常看見策馬巡守的騎警，穿梭大街車流，海德公園一帶，甚至還看見小孩參加課程，騎著大匹的駿馬散步，當地人當然見怪不怪，對我來說卻是無比嚮往。倫敦最出名的莫過於氣宇軒昂的皇家騎兵隊，擔任騎兵的軍人同時有照料馬匹的責任，我專程跑了趟唐寧街附近的騎兵博物館，裡頭有個特殊設計，可以看見緊鄰展館的騎兵隊馬廄，我正巧見到衛兵交接後，軍人卸下披肩金盔，撫摸愛馬的樣子，鐵漢柔情，不止於人。

給野生動物完全的自由是種平等關係，友善的馴養則是更進一步的親密關係，當我們消除對「巨大力量」的恐懼，將牠們看待成家人與朋友來對待，那麼世上最大的動物，也將會給予人類最大的善意。我曾在清邁的某個大象保護中心，與曾被虐待的大象相處了半天，裡面有個裸騎大象的體驗，對我帶來莫大衝擊。裸騎，意即不設鞍座，避免對大象的頸椎造成傷害，遠在清邁北邊的山裡，鬱乎蒼蒼的山林包圍起一片谷底的平地，我第一次這樣接近象群，那是在動物園隔著寬大的鴻溝，生人勿近般的情景無法比擬的。十數頭亞洲象，就這麼昂然挺立在我眼前，恐怕有兩個我這麼高。要辛苦與我互動的大象叫Rambo，跨上牠的背時，我難掩心中震撼，從來沒想像過自己能如此親近陸地上最大的動物。我觸摸Rambo粗糙厚實的皮膚，像極了因硬化廢棄的舊輪胎，就算我是頭猛虎，要是用力咬下，應該也要承受極大的反彈。大象還有些稀落的粗莖毛髮，在牠背上，宛如一片受盡日曬而龜裂的荒原，我輕輕撫摸（其實多半是緊握麻繩深怕跌落），從牠緩緩邁

開的步伐間，感受歲月在這片大地上留下的起伏。我們這群乘客樂不可支，興奮之情溢於言表，笑聲此起彼落。

象群開始向有坡度的小徑走去，無論爬上爬下，Rambo每抬起一次腳，整個身體便會呈現大幅度的仰昇，嚇得我們驚呼連連，不得不使盡全身力氣去抓緊背上的繩索，死命夾緊雙腿，別人是防墜馬，我是怕墜象。大象走得悠閒，三不五時就會被路邊鮮綠的灌木吸引，逕自偏離小道，大口享用起嫩葉來，此時象伕開始催促，不是呼喊大象的名字，就是拉著頸下的繩圈，僅僅繞園區內一小圈的路程，竟也得花上半小

時。繞下緩坡後，我們乘象到籃球場般大的紅土水池裡，Rambo一入池中便自動伏身，讓「乘客」得以順著肩邊滑下。我們舀起混濁的水向牠潑去，這本該是與大象一同戲水的溫馨時刻，但池裡會不時漂著雜草混凝的浮球——是的，那是大象們情不自禁的解放。

「啊……算了，這可能才是我跟大象最親近的時刻吧！」不斷說服自己融入當地，隨象群攪亂一池糞水後，最終回到出發點，Rambo熟稔的趴下，我最後一次撫摸牠的又厚又硬的肌膚，旋即象伕一個縱身翻上象背，毫不拖泥帶水駕著象們紛紛離去。環顧園內，象群甩著尾巴，鼻子捲起野草吃食，我凝望牠們，一幅與世無爭的山間曠野。只是，對Rambo而言，牠們甘願屈膝下客嗎？若保護區裡的生活已是種奢求，在獲救之前，這群壯美巨獸的前半生又是何種光景？Rambo啊！現在的日子，你是否滿意呢？

至今，我仍身處於那種矛盾之中，當我騎乘在巨象的背上，隨時有可能在某個坡度攀爬的瞬間，被牠劇烈的搖晃甩離，然後踩踏，Rambo實在太容易就能終結我毫無反抗力的脆弱生命，但牠沒有，就像哥吉拉對人類，金剛對女主角，白鯨對歐文……牠們能溫順的與我們共處，都是上天賜予的仁慈。我實在不知道是否會再騎乘大象，正因曾坐過他的背頸，所以更感到猶疑。這短暫的相處使我完全了解，人是何其渺小，生命是如此壯大。看象群在叢林草原自由，內心也跟著自由；看象群與象伕親暱遊戲，內心也感受了相互承接的和諧。我們扭轉了你的世界，而你卻豐富了我們的人生。我突然覺得，大寶對我的愛理不理，好像也不是那麼重要了。

回到家，睡到掀肚的大寶受了驚動醒來，我伸手到牠臉旁，牠抬頭嗅了嗅，用舌頭舔了舔我的手掌，像沾了水的砂紙，粗糙的滑過掌心，我摸了摸牠的頭，躺在牠身旁，夕照殘著餘溫，牠又閉起眼睛，我陪著牠，一起沉沉睡去。

櫥窗內的楚門和櫥窗外的阿甘

在高雄的家雖然不是什麼市中心的黃金地段，且非常鄰近當年氣爆的大馬路，但因為有學區、超市與黃昏市場，平常格外熱鬧。有趣的是早年樓下曾開過一間F超商，斜對面有間本土老字號的J超商，下個馬路口則有間7超商，在這不過數十公尺的兩個街口，竟能開出三家便利商店，可謂是三強鼎立。然而，J超商是個扶不起的阿斗，敵不過資本龍頭而迅速退場；F超商跟7超商差一個街區，人潮卻是天壤之別，終究難敵大環境，於是，天下歸一統。太平盛世維持了幾年，我家對面一個佔地不小的金紙鋪突然改頭換面，誕生出一家H超商（想想這街口的三個角都輪番開了超商，僅存的那一角因為是停車場而得以倖免，也是蔚為奇觀）。H超商雖然更加寬敞明亮，同時也是大家叫得出口的連鎖品牌，但因為有過往的歷史教訓，實在很怕它「國祚」不長。

也許是直營的關係，H超商竟也偏安至今，而我平日也盡量地捐輸一點微薄薪餉，希望不要哪天返鄉此地已成廢墟。不過三角窗店面位居要道，幾乎出門就會經過，因此總會看見落地窗邊的座位上，形形色色的客人。明明店內平常生意不算好，但座位區卻多半滿席，有時半夜想買點宵夜啤酒解饞，那一區照樣高朋滿座。可能是三、四個年輕人打牌滑手機，也可能是幾個中、老年人默默地在用餐，還有幾位在戶外座位抽菸喝酒的大叔。也許透明的窗戶太過醒目，我一經過，他們必定會把目光轉向我，但又旋即撇開視線，繼續眼前的動作，好似非洲草原上的狐　在確認環境一般。我也曾在某個深夜，跟一位好友坐在裡頭聊著難受又不堪的過往，這裡好似一個予人治療自己的空間，二十四小時接收著每位客人的心情。

這天經過，意外地沒人打量我，我看見一桌四人，應該是父母帶著兩名年幼的孩子，在裡頭嗑著零食、玩著手機。我稍微駐足，思索著雖然是假日，但也將近午夜了，究竟是便利商店的氣氛愉悅？還是可藉此省電、省冷氣？抑或是其他我沒想到的理由，足以讓這家人在這個時間點還不回家……當然，不是每個人都需要帶著難過的故事才能入席，但來到這裡，總有原因。

像這樣突然地想觀察某個陌生人，是你我應該都有過的相同經驗。我看他們，就像是在看一場只有我知情的《爆笑監視中》，當然這是類似整人節目的日本綜藝，除了被整的人不知情，其他的橋段都是設計好的，而現在的我就像是《楚門的世界》（The Truman Show）裡的觀眾，隔著螢幕看眼前的發展，但主角對於有人監看他這件事則毫不知情。

當然，楚門是更令人難以想像的哀傷。這幾年，美國流行的實境秀也燒到中韓，網路世界更掀起直播熱，突然讓全世界的陌生人來分享自己的生活，變成一件肯定自我的社會競爭。人們對「窺探」有好感的人都有種莫名的興奮，彷彿跟他更加親密，宛如一起度過美好的時光，甚至產生共同生活的強烈錯覺。也難怪直播主不免要打扮艷美或俊拔，若顏值終究不可逆天，至少得搬出一點專長（個人認為這極有意義），若一無所有，至少要能做出一些驚世駭俗的創舉來吸睛，取悅大眾。人就是這麼現實的動物，比奈良那群只想著吃仙貝的鹿來得更為現實（慘了，這樣寫就得罪了廣大直播主跟更廣大的粉絲群眾，看來本書的銷售數字岌岌可危）。

如此看來，這種日常的真實，其實都是包裝好的腳本，等待陌生人中計，觀眾反而更像不自覺照著劇本走的楚門。而《楚門的世界》所呈現的直播概念與現今的直播概念並不相同，楚門打從出生到大都活在虛構的謊言世界裡，他生長的美麗小鎮不過是一座巨無霸的攝影棚，他畢生接觸的美好人們不過是一群專業演員，配合劇情需要，對楚門「循循善誘」，引導他走在看似幸福美滿的人生道路上，這正巧就是廣大觀眾所熱愛的——不存在的完美生活。然而，楚門是個健全的人，他會思考、會幻想，他有感情、有情緒，偶爾還會有不可預測的反應，營造出偏離主軸的效果，這也是最讓觀眾喜愛的地方。為什麼凝視與窺探一個人會使人興奮甚至上癮？也就莫過於此。

奇妙的是，凝視著楚門一路長大的觀眾，最終卻又熱切企盼楚門能逃出攝影棚，走入真實的世界之中。弔詭的是，對楚門被欺瞞保持沉默的觀眾與社會，不就是一直以來促使楚門落入謊言深淵的推手嗎？當楚門走出虛假的大門，新世界的人們都認識他，但他卻對世界一無所知，那麼，他往後的未來將會如何？這些觀眾再也不會知道，更從不需要負責。是否與躲在網路世界的虛擬帳號也有幾分相似？一人一句不帶理性的仇恨用語，凝聚起牢不可破的獨裁共識，當有人被網路霸凌擊潰，影中人卻無需承擔任何責任。集體窺探碰上批評，無非是最兇狠的利器。

這群與他相伴三十多年的「親朋好友」，即便毫無血緣關係，難到沒有任何人對楚門懷抱一絲絲的真摯與歉疚嗎？有的，為使楚門心中對大海埋下陰影，不敢擅自渡海離開小鎮，製作單位安排其父上演一場溺海而死的悲情戲碼，楚門竟連生命所面臨的悲劇與情緒的釋放都受人支配，也難怪扮演父親的演員對其產生惻隱之心，偷偷潛入海景鎮讓楚門發現，引發他矢志遠行的動力。

假如楚門終其一生都在海景鎮快樂地度過，那麼是否就沒有謊言拆穿與否的問題，甚至他還享受著人人欽羡且絕無僅有的烏托邦生活呢？我想，並非如此。倘若整個海景鎮是個完全不受外界干涉，而真正合乎陶淵明的桃花源，或許可以成立，偏偏無奈的是，楚門以外的人們早已社會化，企圖將楚門豢養成百分百的愚者，遮蔽世上（或自身）的罪惡，抱持著只要看不到、碰不著，這世上的黑暗就可以被當作不存在似的。

人有心智，就有無限多種念頭，因而萌生無限多種慾望。再怎麼單純的世界（尤其是那麼容易露餡的人工世界），每個個體也都會發展出不同的觀念，一樣米養百樣人，不就是如此？楚門也有靈魂，製作人錯估了這點——人的多樣性與不可限制性，所以無法拿虛

假的安樂鄉來框架楚門。而世上的險惡並非看不見就不存在，只要海景鎮有一個人脫序為惡，就無法稱為桃花源；只要鎮外有一個人從善如流，那麼那個世界或許會比海景鎮更善良。當我們接受了世界的複雜，才會感受到自己是真切地活著。

法國北部的象鼻海岸，以高聳垂直、綿延百里的海崖峭壁聞名，海岸幾乎不設圍欄，越是天然，越是真美。在此欣賞絕美風景，首要是要對自己負責。我看見一位父親帶著三名年幼的兒女，沿著崖邊小徑尋找適當的空間拍照，這段小徑不算驚險，但絕對要留神。我見那位年輕爸爸仔細叮囑，慢慢帶著他們移動，讓他們了解：大自然是如何令人驚嘆。造物主的力量是渺小人類無可比擬的，我們必須懂得放寬眼界，同時學會自我保護。我很好奇，在台灣，會有多少父母願意這樣做？大家都希望給兒女一個全然的保護罩，從小只告訴他們這不能做、那不能碰，看似把一切有風險的可能性隔絕，實際上是把孩子像陶瓷娃娃般供奉在象牙塔裡，只要他們學會把頭埋進土裡，自己看不見就像是外界不存在般地完美學習鴕鳥精神。我想，每個人的人生都是禍福自倚，只有自己去面對、碰撞人間的無常，才能體悟到人生中不確定的悲喜，因為這世界沒有海景鎮，更沒有桃花源。

如果說楚門是後天之愚的集體加害（也是很多怪獸家長的教育對策），那麼先天之愚卻不斷逢凶化吉的代表，非阿甘莫屬。《阿甘正傳》（Forrest Gump）簡直是極盡所能地反諷美國社會的典範，透過一位智能遠遠不及常人的少年道盡人生的種種無奈。

即便阿甘智力遠不及常人，但他卻在其他方面展現出極高天賦，尤其是在體能方面。他經歷了裝設支架矯正駝背與骨骼發展問題，然後竟成功地變成無人可擋的美式足球跑衛，更用其雙腳在越戰裡拯救同袍，最後，甚至橫越美國，跑了足足三年。「跑！佛勒斯！跑！」這是阿甘兒時玩伴、也是其畢生摯愛的珍妮最常對受欺負的阿甘吶喊的話。對應阿甘畢生不斷地在奔跑，我想正是這部片的核心——無論如何，人生只能不斷地跑下去。

阿甘在劇中看似毫無任何志向，更沒有所謂夢想，旁人給他指令，他就一味地服從，他所有的選擇或方向，都是他人給的指引，從中幾乎看不出阿甘對任何事物抱有興趣，他只是憑藉著奇異的天賦與超乎想像的強運，完成了所有常人做不到的事，例如在美國足球與桌球體壇發光發熱、靠捕蝦與投資蘋果躋身成為超級富翁。但阿甘卻從未對其徹底投入、甚至真心喜愛，因為這一切不過是他照旁人的要求或約定而為之，這些也構不成、談不上什麼目標。就連跑步，他完全沒有理由可言，就只是想跑，累了則停下，但竟也這般莫名地橫越了美國。

這樣的阿甘，幾乎徹底否定了為艱難生活努力打拼而汲汲營營的我們。電影也曾受到許多人質疑，為何一個從不需要努力、對人生毫無方向感的憨人可以享有如此一帆風順的人生？對比他終生曲折多舛的妻子珍妮，更是明顯的諷刺、殘酷。因為童年時期受到父親蹂躪而產生了陰影，使她一路上都呈現防衛姿態，並且積極地追尋自我價值。珍妮離家後投入流行音樂、社會運動、嬉皮文化，被現實所逼而生活困窘，不曾有過穩定的工作，始終過著漂泊無依的日子，進而落入暴力與毒品的漩渦，雖然偶爾掙扎起身，卻又旋即被現實的洪流所吞沒。

缺乏完滿的家庭，也沒有能灌輸她正確價值觀的人生導師，即便她曾滿懷熱忱，勇於逐夢且追求自由，但在不斷地衝撞之後，也只留下滿身的瘡疤。到頭來，珍妮唯一能依靠且信任的人，只有阿甘了。宛如世上僅有的良知，珍妮最終選擇在阿甘家度過晚年，將她與阿甘一夜溫存所創造出的結晶——小佛勒斯，親自託付。對珍妮而言，生命不再跌跌撞撞，於臨終時有了孩子、有了未曾離開的伴侶，她是否獲得平靜？得到安寧？

阿甘第一次見到小佛勒斯，會想知道他智商是否不足；與珍妮道別時，會在墳前落淚。我想，阿甘並不笨，他只是宛如孩子一般無畏且單純，他終究是懂得。阿甘最美好的運氣，或許就是有一位充滿智慧的母親，沒給他什麼目標，就這樣放手讓他離家，往世界跑去。她只教導阿甘：永遠保持善良，如此而已。內心的善良令阿甘活得安穩，因而能不被外在的險惡擊倒。這樣的阿甘，最終也有了目標和理想，那就是珍妮留在世上的最後一份禮物——小佛勒斯。阿甘並非盲目的動物，他為愛而活，從未萌生出半點為圖利自己而害人的歹念，對他所愛的人恪盡所有守護的責任。畢竟，誰沒有心呢？

我想到蘇軾曾有一首《洗兒戲作》，簡直是千年後阿甘的寫照：「人皆養子望聰明，我被聰明誤一生。惟願孩兒愚且魯，無災無難到公卿。」這年秋天蘇軾四子黃遯出世，已是蘇軾因烏台詩案被貶黃州的第三年，官場失意，宦遊江湖，蘇軾雖然看似灑脫，心裡終究有股抑鬱之氣吧！這首詩對自己大開嘲諷，大刺刺地說自己聰明反被聰明誤，既是股傲氣，也是種不平。其子取名「遯」，應是從易經卦名，通「遁」字，表隱退之象，想來是其自身現狀的投射。對照詩句，他顯然希冀孩子一生平步青雲，卻又不願他遭遇世道風波之惡，何其矛盾？但也多麼令人嚮往……阿甘，或許就是蘇遯最理想的模板吧？

有智商，不代表有智慧。智商是才思敏捷、聰穎善學，但心靈的成熟才可說是智慧。智慧是於己於人的處世之道，如何排解心中憂患、如何與人為善、如何光明磊落又稱意於世，這遠比徒具聰明還要得來不易。畢竟，天生有才智者何其多，但真能活得坦蕩快樂的，卻那樣少。阿甘的智慧可說是上帝賜予他的無價之寶，更是他半生經驗的累積。或許他反應不快、不善於學科知識的汲取、累積，卻因此開發了其他的天賦，他不帶惡心，所以能夠不自覺地助人，旁人也會不自覺地回報他。阿甘，只是近乎無私地注視著這個對他而言太過複雜的世界，然後不斷地奔跑著。

電影畢竟誇張，但終究傳遞了一個眾人永不可及的理想。大智若愚，大巧若拙，社會中太多不合裡的框架與教條，企圖把我們改造成剪去羽翼的楚門，把阿甘這樣的單純指涉為無能。誰來教我們懷抱勇氣去闖？誰來教我們永懷良善的智慧？很少有這樣的人，所以我們都在社會化與良心之間拉扯。套句阿甘母親的名言：「人生就像一盒巧克力，你永遠不知道會吃到什麼口味。」人生，若沒有走進現實、沒有走出現狀，又怎麼能嚐到不同的滋味呢？每個人都有他的際遇，也才能造就出每一段不同的故事。確實，我必須慶幸，自己運氣不算太差，能夠勉強溫飽，在這裡寫些廢話，而我也希望，自己就像阿甘，盡可能留下一點單純，既對一切滿足，也從不需要覺得滿足。

我凝視我眼前的這對夫妻，他們有什麼樣的人生故事呢？他們如何教育自己的孩子？

能否給予他們永不退縮的勇敢，帶他們去認識世界的美好與醜惡，伴他們去迎接生命的喜樂與悲苦？能否在他們難料的生命旅途中成為一盞明燈，不只是指引前路，更是在他們所有可能動搖的時刻，照亮他們內心的陰影，給予他們去除黑暗的智慧呢？我一邊想著，一邊思索自己早已逝去的純真，不斷犯錯、不斷彌補，有時覺得內心被現實啃食得坑坑疤疤，再也不敢隨意為夢想冒險。看著窗內的小孩被逗笑得樂不可支，突然覺得自己應該也能這樣笑著。這時其中一個小孩轉頭看我，眼神充滿好奇，他的父母也順著孩子的目光望來，甚感狐疑。我感到害羞，也深覺抱歉，不好意思打擾了這一家人親近的天倫時光。我撇頭快步走去，忽然想到，是否也有人在不遠之處，窺探著我凝視他人的整個過程呢？我故作鎮定，一路往下個街口的人氣超商走去。

從烏盧魯歸來的青年

明信片是他自製的，他一身勁裝，背著後背包，戴著一頂棒球帽，褲穿六七分，腳踩運動鞋，襯托出那精實的身軀以及發達的小腿肌。我可以想像背包裡一定放了摺疊輕巧的購物袋，環保吸管與餐具更是隨身必備，他當然開車，但更多時候他以自己改裝的二手公路車代步，你看他，就算正在大雨中騎馳，也像在晴空下一般陽光。明信片裡的他，就在單車旁，而身後是一片紅土大地，中央有座巨大高聳的孤岩，頂端平坦，宛如高原，於澳洲的中心遺世而獨立，那是烏盧魯—卡達族塔國家公園（Ulu u-Kata Tju a National Park）。烏盧魯的另一個名字即是廣為人知的艾爾斯岩（Ayers Rock），隨民族意識抬頭迎來轉型正義，原住民的稱呼始能與外來拓荒者並存，甚至排序在前，因此，不難理解他熱愛這片土地的原因。他，是我尊敬的朋友，曾說過在雪梨打工的那一年，是他第一次體會到普通階級的普通人應有的生活，也是他反思對地球應盡的彌補之開始。

彷彿有生生不息的活力，而且會不斷擴散、感染身邊的每個人，他從不空談理想，不一味矯情宣揚如直銷人員式的正能量，因為深知那些負面的、現實的，他只是更懂得去宣洩、去排解，以你我皆能被包覆且接受的柔軟來面對不堪的困境。路途很長，雖然走得慢，但至少不會走偏。他從未放棄對地球善盡微薄的責任，他看了澳洲眾多的保護區與國家公園，明白立意良善，但不是治本良藥，他眼中的地球已病入膏肓，但尚未到氣絕之時，人類的存在等同破壞，可我們只要有自覺，仍有維持平衡之能耐。

大自然的反撲才能讓人覺醒，是吧？那年我們都被《明天過後》（The Day After Tomorrow）轟動全球的視覺場面震懾，大山般的海嘯瞬間衝擊你我熟知的家園，緊接著伴隨而來的是壟罩世界的暴風圈，天地急寒，瞬間凝凍一切戶外的人與物，宛如重回2.6億年前大範圍覆蓋的冰河時期。人類建立的文明和種種穩固社會的秩序崩解，原有的美滿生活再不復見，而最慘烈的莫過於物種的大滅絕，倖存的人們，被迫接受周遭無以數計的生命突然逝去，更遑論當中可能有最親暱、最深愛的至親好友。太過絕望的處境，簡直無法對失去音訊的人們懷抱一絲期望。

電影拍得太過真切，因全球暖化造成冰川消融、阻斷海洋暖流引發的氣候浩劫，說得有憑有據，讓人不相信也難。突然間人人自危，憂慮是否明天就會迎來無可預警的毀滅驟變，明天過後，可能真的會沒有明天。但情緒終究是一時的，對環境惡化的警惕也隨著首輪下檔逐漸淡化，便利的日子太舒適，誰能輕易割捨呢？果然幾年後，人類真的幾近滅絕，不是什麼彗星隕石、宇宙異種、喪屍病毒等科幻情節，就只是地球「自發性」的全面反撲，不過還好，是發生在《2012》的電影中。此片概念的發想根基源於一段末日預言，謠傳瑪雅曆中曾預測2012年12月21日地球將遭遇人類史上最巨大的災難，這段預言隨著時間逼近而迅速發酵，比流感病毒擴散得更快更廣，堪稱「千禧蟲危機」後關注度最高的災異大預言。記得2012年年尾，大夥們的心情真是標準的「既期待又害怕受傷害」，比曖昧後的告白結果更令人惶恐，一方面覺得是無稽之談，但一方面又隱約擔心預言要是真的成真該如何是好？或是乾脆抱著一點期待，看看能否見證超自然現象的真實存在。而片商也精準地抓住這個引發熱議的話題，繼《明天過後》後更用力、更狠心地蹂躪地球，將全世界的物種一次清除到位，裡頭那些山崩地裂的全球性毀滅，讓人懷疑著就算再怎麼愛護地球，天要你亡，你就得亡。有趣的是，最頂尖的科學家們早早預測到地球即將迎來浩劫，大國首腦私下密會後的結論竟是打造出幾艘特大號的高科技現代諾亞方舟，把世上最聰明、具專業技術與知識……以及有錢有勢的裙帶關係者一起打包，漂亮地詮釋了達爾文「適者生存」的另一種極端表現——菁英主義。或許還要感謝片中因擔任長工與技工而有幸活下來的亞洲人，咳，好萊塢電影嘛！反正我要是遇到那樣的浩劫絕對是死定了。在金字塔頂端全明星的帶領下，至少人類文明得以延續，成果斐然。只是不知道接下來沒有人製造塑膠的日子，權貴們要怎麼撐下去了？

或許《2012》的情節稍嫌托大，但也並非不可能，身處地震帶的我們即便對三不五時的天搖地動司空見慣，深明《唐山大地震》中「小震不必跑，大震跑不了」的道理，但仍體會過太多強震後的破碎經驗，921後的中部、2016除夕前的台南、今年的花蓮，哪一次不是撕裂台灣人的內心，每一場災後的損失都是內耗，更不用說生離死別的無價之痛。環太平洋的居民真的辛苦，怪獸還不用登陸，光地牛就夠我們左支右絀了。君不見日本311東北強震，一波海嘯激起全民反核運動，反核聲浪比海嘯掀得更高更廣，最根本的原因還是台灣處在地震頻繁的板塊上，誰都害怕我們會成為下一個福島。

可惜，台灣的「原罪」在於其為地狹人稠的孤立之島，即使關閉了核電廠，也暫無其他更理想的替代能源，如今還得搬出增設火力發電的方案，既廢不了核，又直接增長了空汙。遙望一下北京南漂而來的霧霾，呼吸一口源自本土的PM2.5，是否輻射外洩前，我們已像《絕命毒師》（Breaking Bad）的Walter一樣，先得到肺癌了呢？核能雖稱乾淨，但伴隨瞬間大幅度的毀滅風險；火力或許安全，卻又使環境奄奄一息的病灶侵蝕得越深。這是個沒有對錯的兩難題，發展替代能源云云的理論，眼下是解不了燃眉之急，當電動車成為環保趨勢，發電本身的汙染卻成為我們的大哉問。用電影來比喻，用極戲劇化的方式來說，無核用火的最壞結果應是暖化加劇，迎來《明天過後》的冰河活埋；擁核則要看老天賞不賞臉，不巧碰上《2012》史詩級的山崩地裂，小島勢必在劫難逃。天災難防，橫豎都像自殺，一個老菸槍，一顆未爆彈，到底該如何是好？兩者都有其利弊，也都是為了營造並維持美好便捷的科技生活，所以，讓我們一言以蔽之地開個玩笑，這不過是早死與晚死的差別罷了。

發電，只是環保議題的其中一環，更重要的還是有效節能與遏止浪費。太多與環境保護有關的影劇，紀錄片形式者尤重，而我偏愛《瓦力》（WALL-E）那樣深入淺出地傳達環保重要性的厲害手法。這部動畫委實是學童的好教材，連大叔如我都看得感動萬分，深怕自己變成裡頭那躺在漂浮工具上四處移動的一坨肥厚爛肉，在宇宙殖民地無所事事地過一輩子，然後，終生未曾見過半棵植株。先不說現實的地球是否真會淪落成世界級大型垃圾場，而人類到底有沒有本事移居太空，這些都還是未知數，太空競賽早已落幕，但海洋垃圾場卻意外蓬勃地發展，太平洋垃圾島自被發現以來，除了快速發育，還是發育。「島」是個範圍上的概括，是多如繁星的廢棄物之統稱，它並非密固的土地，卻是座無法脫離的漩渦，簡直像鬼片裡遭到毀棄又不得超生的地縛靈，被遺忘在世界的角落，構成難以超度的怨念聚集體，最終，它會回頭報復人類，以任何可能的形式。毛骨悚然，某種程度上，塑膠是否比核廢料還棘手？太多類似背景的電影不斷預示，我們卻好像單純地當成了一種很酷的劇情設定。《瓦力》也許並非科幻，總有一天人類會打造出宇宙知名地標。

塑膠微粒隨自然界循環，我們排放，生物誤食，食物鏈累積後再循環回到人類的身上。大氣、水資源、土壤汙染亦然，雨林砍伐、空汙不減，暖化繼續奔馳，毫無減速的跡象；冰川融解，物種滅絕，海洋汙染、資源匱乏，土壤毒化、天空陰霾不散，陸海空三位一體，同步齊發，就是要把地球傷得措手不及。於是乎文明病的「推陳出新」更勝以往，等不到明天過後，人類先在層層的病痛地獄中受盡折磨。總之所有你能想像的環境危機，背後的癥結都非單點單面，所有的源頭環環相扣、錯綜交雜，在國與國之間羅織成緊緊包裹著地球的堅牢毒網，少部分的勇者試圖各個擊破，卻像面對集滿六顆無限寶石的「薩諾斯」，永無抗衡的可能。

若要邁向《瓦力》中「懶人完全體」的世界，你看要付出多大的代價，要犧牲一顆歷經四十五億年如此漫長漫長再漫長——我們根本無法感受這種度量的概念——才換來一點短暫祥和的星球。就算達不到移居太空當廢人的標準，依照地球的現狀，我們再怎麼小心翼翼地活著，只要人類存在，總會對環境造成傷害，地球之軀的衰敗已不可逆，現在能做的，頂多是最大程度的止血，一面療傷，一面想辦法癒合。我們必須透過別的途徑重新調養體質孱弱的大地之母。解決浪費，或許是一條人人可自發性達成的救贖之路，亡羊補牢，至少地球這座牧場仍有羊群可畜，在羊逃光前，猶時未晚。用「你知道非洲有多少孩子吃不到食物」來闡述浪費這件事已經過時且不合邏輯了，非洲每過六十秒台灣就失去一分鐘這才是真的。就算我現在撐死留下整桌聖誕大餐，一萬公里遠的非洲飢民也無法享用，能否解決饑荒問題在於資源分配，不單是浪費本身。環境的破壞與浪費才是正相關。應該說，我們花費過多資源來製造食物，食物卻供過於求，無謂的生產與多餘的產物就是浪費，而這些浪費通常挾帶大量的不環保。另一方面，過剩亦即變成了廢棄物，廢棄物的處理又是更多的浪費，這些才是在破壞環境的癥結。有時全家去東港買海鮮，逛一圈魚市，一股憂愁的反感湧上心頭，不是陣陣令人作嘔的魚腥，而是架架擺滿的新鮮水產，在逼近黃昏的時刻，身價隨日落跌到谷底，更怕的是就此乏人問津，不知自己為何犧牲了性命。等到明天，又是同等數量的同類來補好補滿……

先不說魚苗等等這種來不及見證世界美好的可憐孩子（尼莫跟多莉就只是卡通啊），每個魚市都像一座海生館，簡直把整座海底撈上來，只不過海裡是活的，海上是要死不活的。當然不是要來討論吃葷或吃素的議題，而是單純探究「我們真的有需要這麼多嗎？」。走一遭日本魚市場，其規模與台灣更不可同日語，可想而知其中過度濫捕的海洋生物有多少，每每專家提出海洋資源枯竭的警語，又有多少人在乎呢？「不違農時，穀不可勝食也；數罟不入洿池，魚鼈不可勝食也；斧斤以時入山林，材木不可勝用也。」孟子這幾句被舉例舉到爛的環保概念，兩千年後仍只是個名言佳句的典範，大家日日勝食，日日剩食，好像浪費是一種生活品質的競逐。真要我說，唯一能枯竭而滅絕的，只有蟑螂。抱歉，真是私心無法容忍啊！

台灣在環保的落實上雖不到頂級，但也絕對名列前茅。我也常思索，光兩千三百萬人的一點成效，真能補得了其他數十億人的破壞嗎？幾個泱泱大國的浪費，川普甩都不甩的巴黎協定，為了勝出這場國際政經遊戲，最不環保的權貴仍可以我行我素，人微言輕的我們依舊徒勞，畢竟世界末日降臨時，他們會有超級方舟可以保命。

在所有旅行的景點中，我最難忘的莫過於美國西部的國家公園，某年驅車繞了大峽谷與布萊斯峽谷，還順道去了羚羊峽谷保護區，每處都是世界最壯美的天然奇景，令人對地球無盡悠久的歷史發出讚嘆的沉吟，若非親眼所見，又怎能相信原來自己真有被造物主震懾的

一天。可惜，就算高爾拍得出奧斯卡最佳紀錄片《不願面對的真相》（An Inconvenient Truth）來宣揚環境保護的重要，美國也設了各種大大小小的國家公園與自然保護區，但再多杳無人煙的荒原叢林，也比不上三億多人在重點地區扯後腿。環保意味不便，有時也代表昂貴，例如環保餐具與環保袋除了隨身攜帶，更要自己清洗；搭乘大眾運輸工具不如自駕機動，因為得花費較多時間，但是人們真的做不到嗎？無人能預測明天過後的地球，若不是有意識地在鞭策自己，也許要付出的代價將遠遠爆量於眼前的環保問題。

會不會縱使明天過後，大峽谷壯美依舊，跟現在沒有什麼不同，只是我們不在了，萬物

之靈，或許是上帝腦袋最不靈光的失手之作。

再也沒有人類的蹤影，而其他生命在時序的更迭下逐漸復甦，晨曦與晚霞是火紅淡紫相暈染的絢麗，照在一座座數百萬年來被科羅拉多河挖鑿的岩山，沉積岩裸露出層層分明的深淺節理，上窄下寬，就像地理課本上學的等高線，一圈一圈圍出高聳的岩壁；又像一層一層的蛋糕，明明再堅硬不過，卻感覺如此柔軟，彷彿每層都是獨立的一片口味，能輕易把它掀起。如果盤古拾起其中一座巨岩，放在手中甩動，看起來會不會像翻書般頁頁分離？那是平均深度比台北101還要高個兩倍的峽谷，但峽谷的範圍太過寬廣，乍看之下反而像片遼闊無際的曠野。我只記得，第一眼瞧見時發出的驚呼，那是不由自主、完全出於直覺的反應，「這世上，究竟還有多少令人驚嘆的奇景，我可能終身都無法親眼欣賞呢？」我看著這張明信片，青年用他細膩柔軟的優美筆跡發了個願，說有天他會踏上大峽谷的漠土，見證我曾見過的廣大；我突然也想望遠方，烏盧魯的恢弘與堅毅，哪天，我必將前往那當地初民的神聖之地，去瞻仰天道運行下的自然之力，而人類，也該生於自然，永存於自然，生生不息。

誰啟動了斑馬線的夢境

辦公室的午餐時間，是僅次下班最珍貴的時刻，時間一到，地球彷彿停止轉動，所有人都停下原先的動作，集體邁向同一目標。大抵可用「我不是在用餐，就是在前往用餐的路上」來概括台灣上班族午時的群像（加班是晚上的事嘛！吃個午飯並不影響）。我偏好專屬個人的午休時光，可能看看比小說更真實或更無聊的新聞；也可能滑個社交軟體，看看社群網站上光鮮亮麗的名人們分享生活瑣事；再不然和朋友有一搭沒一搭地傳些憤世嫉俗的互嘲訊息。但這些都比不上邊吃飯邊追劇來得讓我自在，只要見到螢幕裡全然不同的世界，思緒便可抽離自身所處的時空，還真可謂是「一幕一天堂」，身心獲得舒緩，靈魂獲得解放。或許與同事共進午餐，藉由聊天完成情緒交流，順便累積人脈，可以提升自我無數價值，但我們還有一整個下午要相處，所以我相信若即若離的距離會使我們的關係更加長久，而同事們也奉行這樣的信條，彼此堅守各自珍貴的一幕天堂，各自做各自典型的白日夢。

追影劇的當下，可以讓自我投身於全新世界之中，扮演一個旁觀者，或是乾脆當主角，體驗一場現實中絕不可能擁有的驚奇之旅。有時上網飛快地流覽臉書和Instagram，看看哪位高富帥、白富美的網紅有沒有新業配或者是否正在開直播；哪位少爺、公主又舉辦了夜擲千金的生日趴；或是又有人出國去了哪個海島的度假村、朝聖了哪間米其林摘星的餐廳、買了一整圈國外的Outlet……等，反正自己的人生應該永遠也不會有這種美好時光。除了酸言酸語地稱讚他們是人生勝利組外，也對自己只是個三低直男徒負呼呼，更悲哀地做起白日夢，幻想明天就能拿下大聯盟的MVP或者會奪得奧斯卡小金人，從此錦衣玉食，過著令人稱羨的生活。而在我們這組的封閉小辦公室裡，平日中午幾乎都會自行上演一場《全面啟動》（Inception），每一個螢幕，就像一座劇中製造夢境的機器，給我們帶來遠離現實的片刻美好，當我們同時觀看一部電影、一起追蹤同一位名人，宛如進入了夢境分享器（Dream Sharing），彼此都期望在裡頭獲得些什麼。也許夢有好壞，但美夢讓人滿足，而惡夢令人警惕，正能量或負能量都好，都是推動自己往前邁進的絲絲動力，反正能讓人遠離現實就好。

進入夢境就表示我們貼近了自己從未留心的潛意識，任何記憶、念頭、情緒等感知都可能觸動它而產生變化。潛意識是夢境產生的創造者，夢境又可強化潛意識，有時會忽然浮現出一段充滿真實感卻無法確定的記憶，或許就來自於此，而這無止盡的循環是否讓我們……太過複雜了？既然不是心理學家，我想我還是談談電影就好。總之在《全面啟動》的概念裡，大腦能構築一層又一層的夢境，夢境越是深層就越貼近個人的潛意識，在夢境中發生的事，將能全面改造個人的記憶。何其感動！導演Christopher Nolan把人類潛意識與夢境之間的關係用深入淺出的方式呈現給大眾，因此，凡是步出戲院的觀影者，無不思索著自己現在身在何處。

分不清幻想與現實，擺渡在兩境之間，會是情感太過敏銳的人類唯一的生存法則嗎？不，生命沒這麼好對付吧！《全面啟動》主角Cobb明知現實充滿痛苦，但為了重返兩個年幼的孩子身邊，他仍得走闖險境，闊別夢裡與妻子梅兒永久纏綿的無盡長夢。Cobb對妻子最深層的夢境植入「現實是假的」念頭，造成其妻無法辨識所處的虛實，最終選擇以死證明現實之假（但現實卻是活生生的存在）。對Cobb而言，愛妻墜樓的悲劇，可謂是自己一手造成的，而他把害死妻子的罪惡感永遠牢記於心，那是最能提醒自己不要活在夢境中的方式。正因如此，他才明白把慰藉寄託於夢境終究是太危險，人的意識還是別飛太遠比較好。畢竟夢是如此讓人滿足，像是包覆著甜蜜糖衣的兇狠毒藥，稍一不慎，便無可戒斷地成癮。總有人縱使明知不該沉迷，卻還是口嫌體正直，讓意識一路衝上雲霄，直到失速，就像梅兒一樣重重摔落，從此不起。

日本有部R級的漫畫《夢魘製造機》（Nightmare Maker），雖然艷情狎邪，但除劇情跌宕之外，更是充滿爆發性的警世通言。天才男主角因為暗戀女主角，在不敢告白的情況下，索性發明了一台春夢製造機（真的有夠天才），在同學之間互相流傳，竟因此引起各種不可收拾的悲劇。原因多半是使用成癮，分不清現實與夢境，有些人再也不想醒來，有些人則是醒來後徹底地生活脫序，畢竟美夢本身就是逃避現實最理想的方法，入夢太深的話，不是對現實更加絕望，就是把現實當成夢來恣意妄為。

在影集《黑鏡》（Black Mirror）第四季第一集〈聯邦星艦卡里斯特〉（USS Callister）中，主角Daly設計出絕對真實的虛擬實境遊戲「無際」，玩家們只要戴上裝置，意識便可直接進入遊戲之中，化身為無所不能的角色進行冒險。諷刺的是，設計師Daly創造了全球最具價值的科技產品，卻因自身不善交際、缺乏程式以外的專長，而大權旁落到合夥人暨總裁瓦爾頓（Walton）的手中，公司員工對Daly更是毫無尊敬可言。何其哀傷！Daly只好私下創建一座專屬自己的宇宙戰艦，蒐集厭惡的員工與合夥人的DNA，創造出只能對自己卑躬屈膝的環境人物，讓自己終於獲得呼風喚雨的片刻。不過，有趣的設定在於被創造出來的角色都還保有原本的記憶與自我意識，對他們來說，最煎熬的不只是遊戲世界沒有時間盡頭，還包含他們無法逃脫被奴役的命運，最重要的是實質上他們根本不曾傷害過Daly。只是美夢當前，誰又能抵擋報仇的快活呢？在虛擬的幻夢中，無需言談道德。

我突然想到《西方極樂園》（Westworld）裡那座近乎完美的高科技成人樂園，人們在這裡可以為所欲為，享受暴力、情慾、冒險，拋開外在束縛，宛如當上懷舊電影的英雄。負責開展故事線的「接待員」們（就像遊戲的NPC），全是3D列印而成的仿真肉身，輸入既定程式，誕生人造意識，他們是良民、妓女、醉漢、警官、惡霸、罪犯，日日照著腳本演出，隨玩家的需要被凌虐、被殺害，也可能安全地度過平凡的一日。畢竟是Christopher Nolan之弟Jonathan創造的劇本，兄弟倆果然心有靈犀，不懸疑不榨乾觀眾腦汁絕不罷休。這部電視劇的高竿設定除了揭露現實人們嚮往活在虛偽美夢中的本性外，還

探討了人造意識若存於夢境會是何種情況。樂園的創造者保留了接待員們做夢的權力，他們做的夢不只是在樂園中的遭遇，還會出現不屬於這個世界的景象，他們的潛意識似乎混雜了其他記憶，對接待員而言，自己是活生生的血肉之軀，是能獨立思考的人類，打從出生就在這片荒漠中的西部小鎮，何以做起如此熟悉、彷彿親身經歷又超出本有世界觀的夢呢？記憶的根源為何？究竟自己來自何方？每當我看見接待員陷入抽離的沉思，不禁會想起自身類似的經驗，每當對現狀感到倦怠時，好像特別容易夢到不存在的一隅。難道說，我所處的這個世界也是座絢麗龐雜的樂園，而我只是讓玩家感到真實的環境角色？幸福變得有些遙遠，而能調閱出的記憶都是安裝好的程式，我卻深信不移？還自以為是獨立自由的真實靈魂……

每個人都有弱點，也都有傷口；當弱點不斷被刺激，傷口反覆被挖掘，面對困境時一切是那樣徬徨無助，感到後悔、憤恨與沉痛，深陷泥淖之中，方拔起一隻腳，另一隻腳又因施力而陷得更深，希冀有人伸出援手，卻不自覺地把周遭的人往外推，這時，便會耽溺於自我創造的美好想像裡，因為這裡的人最了解自己、最能拯救自己，更不用說，此時的自我反倒成了救世主。因此，只有在虛假的淫夢裡，師生才能一嚐禁果；Daly在虛擬的宇宙裡以報復來印證個人價值；而梅兒則沉浸甜蜜纏綿的夢中，度過了整整五十年的兩人世界。

沒有Cobb的睿智與機敏，沒有Daly的天才與專業，我徒具一張嘴來造夢。人生或許沒這麼煎熬，但平凡如我，無奈感絕對少不了。就算沒有造夢機或虛擬實境，我也從未停止空想。或許在永遠追不完的影劇和打不完的電動遊戲裡，我也是在逃避現實的無力感，尋求一點心靈的寄託。在現實世界裡，肩上擔子更沉更重的人多如過江之鯽，尤其來到國家中心，爬到了自認看得見遠方的高度，才發現頭頂並非遼闊蒼穹，而眼前仍是牢不可破的水泥磚牆，原來我們身處比摩天大樓更高不見頂的擎天巨塔之中，無論爬上爬下，或許都是一層層荒謬與踏實混凝出來的夢嗎？馬克吐溫說：「真實比小說更荒誕，因為虛構是在一定邏輯下進行的，而現實有時毫無邏輯可言。」影劇也是，夢境也是，我想人生如戲、浮生若夢，不就是太多超乎想像的遭遇，讓生活上演著作夢都不曾有過的劇情，幸福美好總有一套理想的公式，但不幸悲涼卻有無限多種樣貌。我們是否能對自己肯定而滿足於現況呢？夢境也許美好，但若是無法抽離，醒來之際則越會產生強大的失落，畢竟，虛假的終究是虛假。現實就算再不堪，我們還是得活著，《全面啟動》裡有句漂亮的台詞：「一個簡單的想法能改變一切。」在潛意識裡植入一個小小的念頭，醒來後，所有的觀念便會截然不同，那麼何不植入好的念頭呢？倘若無止境的想像能漸漸深化潛意識，最終能改變個人記憶，那麼幻想請務必誇張，越不切實際越好，將最美好最積極的想法深深植入腦海中的潛意識，午夜再一次於夢裡將期待的成就解鎖，日復一日，相信必能累積出一股充滿正念的力量，最終就能在複雜的現狀中保有一點阿Q的喜悅，對生活的態度也許就會完全不同吧？

如果說置身夢境的我們都必須藏著唯有自己才知道秘密的圖騰，在依依不捨地與夢別離後，確認自己是否身處虛幻之中——如庫柏手中的陀螺必須停止旋轉，方能證明現實的存在，那麼我想我的圖騰大概是筆記本上的行事曆，只有自己知道，主管會用什麼方式催促自己達到那些好高騖遠又不切實際的業績；又或者是跟同事、主管長得一樣但捧起來份量卻有泰山與鴻毛之別的薪資單，社會常以此評斷個人價值，而我固然是那輕薄無感的後者，只有自己知道那個數字，一打開便能認清眼前所處世界的虛實真偽。

這天，只追了十多分鐘的劇，好不容易在一堆文件與療癒公仔中騰出大約兩張A3大小的空間，我在雜亂無章的辦公桌上伏首稱臣，明知難以入眠也得闔眼片刻，與桌面進行一點親密接觸。甫趴下便如躺進電影中的機器，便開始胡思亂想，隨意創造些什麼都好，只要是快樂的，給自己一場美夢。眼皮越感沉重，意識漸顯昏沉，夢境的地基看似建成，通往幸福的大門已然開啟，啊！有房有車，妻小和樂，家庭美滿，成為高塔上層的住戶，可以了，可以了……

突然，這美好的一切瞬間崩塌，燈火盡滅，隨著破碎的雙腳下墜至深不見底的闇谷，我懵然彈坐起身，這是場典型的「入睡抽動」，也是《全面啟動》裡把人從夢裡喚醒的唯

一方法。驚魂未定，令人寒毛直豎的電話鈴聲旋即大作，我連忙接起另一頭可能來自客戶或同事「真誠」的呼喊。一邊虛與委蛇，一邊強自平復，壓了壓眉頭的攢竹穴，然後看看錶上的時間，午休還沒過，但地球原來從未停止轉動。我不禁喃喃自語：「到底這是我的第幾層夢？」每每都會深怕自己就此飄忽下去，還好，總會有人將熟睡的你狠狠地往後摺倒。

我看見鄰座幾位趴睡的同事們紛紛緩慢地抬起頭、張開眼，有點像喪屍復活般，確認著周遭環境，我掛上電話，起身伸了個懶腰後，又重新在一份又一份的提案和名單間埋首苦幹著。在嶄新的世界裡，三十分鐘的「無我」好似被消除了什麼，或許正如《全面啟動》，被竄改了最深處的潛意識，有人對我植入「加油吧！會越來越好」的念頭，所以我突然又有了一些能量可以繼續執行午後的工作。還是說，我根本就像《西方極樂園》的接待員，只是重新醒來，反覆地做著同樣的事，還以為今天又是新的一天。我感到有些困窘，便下意識地打開抽屜裡整疊的薪資單，確認一下數字，嗯……看來不是夢。

怎能在賣場裡等待救援

臉書的動態回顧是個很可怕的功能，每天都要提醒你以前有多幼稚、多可笑，想忘掉自己留下痕跡的黑歷史，不小心又在幾年後的今天被喚起。當然，這項功能的好處也很多，個人還是認為這項創舉是利大於弊，鎖定回顧算是每日必做的事。這天瀏覽一則回顧，看了不禁啞然失笑，上頭是「國軍online登出倒數計時器」的截圖，這幾乎所有義務役必備的網站，內容陽春到不行，唯一的功能就是幫你倒數當了幾天兵，剩幾天退伍，但可悲如我就是會用。這是剛過兩百天的紀念，想想十一個月的役期也過了一個門檻，雖然身有痼疾，至少一路上也相安無事。但人就是不能太鐵齒，是吧？

那是正逢中強颱來襲的日子，一小撮人奉命留守營區待命，以應變沒人願意發生的救災情況。但首先交代背景，那陣子連上剛好抽水馬達壞了，廁所無水可用、飲水機沒水，更狂的莫過於還大停電，感受原始單純之美。反正不就是颱風嘛，見怪不怪的我們也就當做在營內休假度過了一夜，隔天，連上其中一棟營舍屋頂竟被狂風暴雨吹掀了（要知道我們都是單層大通鋪，蓋鐵皮屋頂），在陣陣強風中晃蕩搖擺，豪雨無情傾倒寢室，我們看得嘖嘖稱奇，順手拍了幾張照，傳給幾個要好弟兄的群組，怎知裡頭有個志願役士官po上臉書嘲諷了一番，引來副營長的關注。這下可好，義務役們集體被罵到飛上天，我前八個月苦心維持的乖寶寶形象，只需一天就被徹底毀滅、黑到極致。營區竟然大停電，沒水、沒電、沒屋頂，救災的人反要被救，這悽慘至極的窘境不免讓人笑話。

唉，一定有人會說義務役本不該帶手機，更要保密，確實，我們大多都違反了這弔詭的規定，這點難辭其咎。但話說回來，我們小小一兵，要上哪取得機密，更不用說區區屋頂，任誰都會覺得此非保密防諜，只是怕上了新聞版面，畢竟家醜不可外揚吧？更別提出任務時，後面一群陸客接二連三地爭相攝影拍照，這個不防卻防屋頂？等等，聰明如你也一定想得到，外流的擺明是志願役啊！實在令人不笑也難。更尷尬的是退伍沒多久，整個兵制也改弦易轍，突然義務役們又能帶智慧手機了。這感覺頗有解嚴前因言論自由入獄，因而在解嚴後頓覺忿忿難平，何以自己當初要受這些委屈？回想起來，當兵這年，還真像被困在一座孤嶺上，外圍盡是濃霧，裡頭無論階級役別，都有不少力求正常的人，接觸不著外面的世界，只能懷著匪夷所思的心情等待濃霧退去，而這簡直是一場長期的《迷霧驚

魂》（The Mist）。

《迷霧驚魂》裡的David與五歲兒子Billy受困在賣場中，大霧隱約透露出無從捉摸的詭譎氣氛，當確認霧中藏著見爪不見首的怪物，所有人都陷入巨大的恐慌中，憂慮外面家人的安危，更不知這突如其來的災異因何而起又該如何消弭？被濃濃迷霧隔絕，與外界徹底斷絕聯繫，踏進迷霧就意味把自己送給魔物當大餐，留在賣場裡也不代表安全，入夜後竟要死命地對抗被燈光吸引而來的致命巨大毒蟲與畸形翼龍。所有人進退維谷，只能看著身邊的人一位接一位地慘遭怪獸殺害，不知何時會輪到自己……人類世界可能已經淪亡，再也沒有人會來救援，遲早都要困死在這座毀壞的孤城中。絕望的人們，有一派希望走進迷霧中，尋找可能存活的機會，另一派則希望堅守，至少觸目所及還是個清晰的範圍。

而當兵就像被關在大賣場裡，你沒有選擇，特別是新訓與剛分發部隊時，懵懂無知的我們深怕一個失誤就會被辱罵，或遭到嚴重的懲處，因此，新兵噤若寒蟬、動輒得咎，就像是末日將至，外在是濃霧，吞噬已不復存的和平，我們隔絕而密閉，只能接受強大階級與力量的控制，放棄自由之身，才能倖存苟活。而軍隊裡有些人，早已對絕對的威權深信不疑，將之奉為圭臬，成了他們膜拜不已的信仰。

宗教是最具力量的依歸，原本看似不起眼又柔弱的歐巴桑Mrs. Carmody，事發前只像個虔誠的教徒，當隱身於迷霧中的異次元怪物像惡魔一般現身，開始殘殺離開賣場的可憐人，Mrs. Carmody突然大張旗鼓發揚她的宗教思想，直言這一切災難都是上帝的憤怒所致。上帝是萬能與全知的，祂所做的一切都是公平與正義的審判，既然今日魔物入侵現世，引發大規模毀滅性的屠殺，那麼必然是人類犯下了滔天大錯。無論大奸小惡，只要有人做，這個錯誤，就是個人無法根治的原罪，也是集體累積的「共業」，因此怎麼解釋都合理，就像諾亞方舟，重新整頓這個腐敗的世界。也似乎只有超現實的力量，能解釋「超現實」的遭遇，不光是迷霧裡的魔物，大家都明白「真實比小說更荒誕」的道理，生命有時就已經夠驚悚了，比在異種怪物下生存還更煎熬，荒謬得讓人覺得這一切怎麼可能發生。走投無路的時刻，為了脫困，我們輕易相信所有的可能性，聽起來越神奇、越強效，就越深信不疑。於是走入包裝成救贖的迷霧之中而毫不自知，以為深處總有盞明燈會指引方向，卻只是一隻名為失控的飢獸正等待我們獻上瘋狂的心跳。

起初認為她走火入魔的民眾，在一連串的慘劇下，竟也逐漸成為她的信徒。政治、感情、偶像、國族……所有迷失的人們，都會抓著其中一個做為信仰，當理性被現實的失衡擊倒，信仰就成為迷信。在Mrs. Carmody末日獻祭的慫恿下，群眾甚至相信只要犧牲David的兒子Billy，就可以平息上帝的懲罰。當人們發現這一切災難都是軍方失控的研究，導致次元異種大舉入侵，群體的仇恨值瞬間爆表，於是人類也接著失控，怒不可遏，群眾捅死了一名軍人，沒人在乎他是否參與計畫，也沒人在乎他也許是個奉命行事不知代價的替死羔羊，總之只要有點關係的一律都是黑五類，千刀萬剮也不可饒恕。就像大眾對鄭捷無從報復，便把怒火轉向他的父母！反正掛上檢討原由的名號，怎麼汙辱抨擊都可以。

未知，讓人恐懼，使我們失去理性與惻隱之心；無知，讓人猶疑，使我們輕易地人云亦云，遭受擺布而渾不自知。閉鎖的空間，人們變得更脆弱也更直接，尤其像本片面臨生死交關時，自私才是唯一能生存的法則。人不為己，天誅地滅，末日議題的影視作品總愛這味，受困的最後生還者，為保全性命逼不得以殺生求生，甚至人類相食。圍困，讓世界忽然變得極為狹窄，只能顧及眼前，眾人回歸原始，崇拜階級而畏懼力量。大多數人沒有力量自保，沒有知識求生，脆弱的內心不夠說服自己清醒，很輕易就會依附比其壯大的勢力或思想，成了隨波逐流的「信徒」。若說Mrs. Carmody是靠宗教的無形神威，那《陰屍路》裡的Negan就是靠武力征服的最佳示範。

軍隊，最簡扼的目的就是戰爭，無論什麼藉口都一樣，意味求生與死亡的交疊。軍營是極度閉鎖的空間，裡頭軍人的目標就是殺破敵軍，活著回家。很難想像父執輩一當就是兩年起跳，沒有手機網路，與親友愛人幾乎斷絕聯繫，活在隨時得慎防兵變的忐忑中。那可是真真切切的與世隔絕，只要有個長官像Mrs. Carmody不可理喻，日子絕對比我們苦

不堪言個千萬倍。更難想像祖父輩隨時都要有上戰場送命的恐懼。霧裡頭有兵變、磨練、孤獨、殘疾以及死亡各種怪獸，那是多麼讓人惴慄不安的緊繃時代。但最矛盾的是，現在的處境早非昔日的生死交關，威權不再適用，人們求的是和平與合理、求的是軍民一心的相互支持。可是，在如此太平盛世，連洪仲丘都能被惡意操練而枉死，你還能相信什麼？太過封閉的領域就如同閉鎖的賣場，思想會更趨於僵硬的原始模式，崇尚階級、資歷而非能力，尊崇有力的對象，缺乏客觀的分析，不會追究事物的合理性與邏輯，久而久之，只剩激進的思維，失去對外在真實世界的知覺。

你不得不說，如今起霧的是在軍營裡頭，外邊早散了，一片晴朗。

我永遠忘不了，那位指揮官好死不死點了那位成大畢業的弟兄，趾高氣昂的問他第一份工作有沒有可能拿到五萬起跳的薪資，朋友毫不猶豫地回答可以，全體靜默，指揮官呆了半晌，開始大力譴責朋友的狂妄，說成大畢業也不可能有這個起薪，礙於這封閉的階級社會，朋友也只能微笑不語。唉，只能說指揮官運氣不好，就真的點了個甫退伍就要進科技大廠的義務役，要是點我，就可以當一則漂亮的人才招募警世寓言了。一面說各位大學生不可能有好的工作，不如先簽下去好好存錢；一面又強調軍中可以公餘進修刷個大學學歷，未來好找工作，邏輯混亂也難怪基層往往無法被說服。畢竟太平日子過久了（這當然是好事，但卻又擺脫不了潛在威脅），要按照不合時宜的觀念做事，對這些受困多年的高階軍官而言，或許踏出營區，進到充滿衝擊的渾沌世界，腦中一團迷霧，外面也是迷霧，這麼相互交融才是貨真價實的「迷霧驚魂」。「自卑產生的自大」可謂是那年被長官們三令五申的十大金句，但鮮少看到有哪位做到。其實，也可說是「不安產生的安逸」，踏進茫茫未知的社會之霧，為朝不保夕的道路惶恐，倒不如躲在舒適圈，拿著「權利義務」的教條建構力量，如同Mrs. Carmody以神之名聚眾自保。對這些人來說，使其顫慄的，是不敢與社會銜接的懦弱，迷霧裡真正的吃人異獸，是跟不上的社會。

我極度反戰，對當兵的態度自然不在話下。理想的大同世界，干戈只需存在於電玩即可。當然現實令人沮喪，尤其我們情勢特殊，軍備還是有不可偏廢的必要性，只是體制令人失望，過多陳腐的觀念與保守的規定箝制裡頭的人們，外在相對穩定的時局造就了內在的無所適從，時間一久，所有的病灶相互併發，牽一髮而動全身，終於沉痾難起。誰都期望有個振衰起敝的英雄，帶我們戳破霧裡看花的虛有其表。

歷劫歸來的我們，好不容易逃出驚霧，何苦又要嘲笑那些役期四個月或當替代役的人呢？就像《金鎖記》的曹七巧，將此生受盡的凌辱加諸在自己的媳婦與女兒身上。一面大言不慚地把自身受過的苦難拿來炫耀，鄙夷那些不曾吃苦的人，每當開啟這話頭，總要分個高下，看看誰服役過得最慘，好似這些毫無道理的逼壓是枚純金閃耀的光榮勳章，足以說嘴一生；一面又痛恨這些該死的過往，情願從沒發生過。

其實，在這個狹隘的圈內，仍有許多意志堅定、果敢仁勇的青年，亦不乏正直良善、處事圓融、帶兵帶心的領導者。我算是分配到了意外傑出的連，大致上都是上述的人（義務役也是龍蛇雜處，只是通常他們不領國家公帑，出了營區也形同陌路，就無需多提），是以縱使因頂上風雲被「譙」得狗血淋頭，雖然不平卻也欣然接受。可惜牛驥同皂，就如賣場裡有David這樣理智的勇者，也有Mrs. Carmody那般妖言惑眾的激進分子，這群本該同舟共濟的生還者，還未能自救便先自相矛盾，下場如何，自不待言。確實，台灣軍人的處境，還是挺微妙的，大制度原則上是阻力最強的迷霧，遮蔽那些有志之士的夢想、堅持、理智與熱血，明明，為國奉獻的人才是最該尊敬的，不是嗎？話說回來，這社會的不公不義難道會比軍中少嗎？縱使如今軍隊精實或許不如以往，但不合理的委屈與冤枉事也應當今非昔比，只是可能納稅人多少不能接受稅金被這樣花用，以致標準分外嚴格吧？何況軍人的天職是保家衛國，「活老百姓」對犯錯的容忍度更是趨近於零。對於那些懷抱使命或積極想化解迷霧隔閡的認真弟兄，我們還是該給予支持，畢竟善意的肯定，或許就是最強大的救援了。迷霧驚魂的日子已然遠去，如今回想起來，「別當個混帳」，大概就是當兵這年讓我學會的事了。

第三章

俯瞰城市的代價

像101那樣高

擦身而過的環島騎士們

天色漸暗，一望無際的荒漠盡頭是紫紅暈染淡金的晚霞，顏色像極正夯的蝶豆花飲料，疏疏落落的矮枯樹叢點綴萬里黃沙，我開著租來的車，筆直地奔馳在筆直的公路上，從布萊斯峽谷開往拉斯維加斯，準備結束沿著大峽谷遶行的「疲憊」之旅。第一次踏上美國，對熱愛電影與球賽的我而言無疑是圓夢之旅，實際上，除了好萊塢與史坦波中心，更讓我大開眼界的是大地之母在美西遺留的震撼力，至今仍讓我念念不忘。雖然內心亢奮，但數天內穿越四州，開過一千五百英哩，繞行大約兩個多的台灣，還是難免有些吃不消，想不到還未過而立之年，體力竟差比大叔，令我嘆息連連。此時，兩台霸氣外露的哈雷機車呼嘯而過，騎士一身勁裝，包著圖騰頭巾，滿臉絡腮鬍，在這溫差極大的沙漠裡，竟只穿著黑色皮革背心，亮出粗壯的臂膀，他們架式十足，看起來應有四五十歲了吧（但歐美人又留鬍子，幾乎無從判斷）？我們讚嘆不已，目送哈雷一溜湮消失在遠方的車陣，不知欲向何方？難不成是橫跨美國？看他們千里走「單騎」，頓覺心癢難耐，坐在寬敞的重機上，聽著引擎渾厚低沉的低吼，任由乾噪的氣流拂過，應該比開車更能感受美西大地的壯

闊與豪情。上次騎機車走這麼遠的距離，恐怕是十多年前某個暑假的環台之旅了吧！而今，從一個血氣方剛的大學生，變成唯唯諾諾的魯蛇，社會催人老，果非虛言。當年還是個機車界的新手，騎著一台GP125，載著摯友，兩人拿著紙本地圖，印下每段縣市的路段，沒有智慧型手機，沒有GPS，更沒有網路，反正路在前方，我們就往前走。

能夠在走得動的年紀跋山涉水，是幸運的。待到髮蒼齒搖之日，縱使有驅車環島的雄心，只怕也失去堪用的身體。我想起記錄片《不老騎士——歐兜邁環台日記》的那群老人們，倘若他們有機會來趟「環大峽谷日記」，內容必定精采絕倫。平均八十一歲的騎士團，跨上款式過時的機車，有的不曾環過島，有的連花蓮都不曾造訪，一大把的老骨頭，隨時都有受傷的風險，但是沒有需要挑戰，又怎麼值得稱之為夢。團長賴清炎老爺爺帶著胃潰瘍忍痛上陣，屢屢強制住院療養，仍不改其志，只要一出院，旋即與團員會合。於他而言，不願拋下這份責任，更不願放棄珍貴的機會，能像個少年郎騎著歐兜邁破風遠行，再次親眼目睹寶島之美，恐怕是此生最後的機會了。「有些事不做，以後就不會再做了」，何況他們連以後都不知道有沒有。老人們的日子是過一天少一天，年輕不曾完成的志願，待到自由之身時，卻沒力氣與時間再做了，又或者，社會不再允許他們做了。誠如志工所言，年輕的他們為家庭、為工作、為一切社會價值奉獻自己，當庸碌地走了半生，不用再承擔外來責任時，卻依舊不能為自己而活，因為他們已無可奈何地成了脆弱不堪的「危險動物」。危險，是對自己而言，任何一個疏忽，都有可能會釀成不可挽回的悲劇。當老人想實踐一些夢想，下一代也不再允許了，他們害怕長輩受傷，害怕造成旁人的困難，更畏懼失去。可有誰，會希望心臟還在跳動時就被「供奉」於高堂呢？

打從有記憶以來，我印象中的爺爺就已經左耳重聽，平常講話總要相當大聲才能對談，他總愛騎著腳踏車出門溜達，就算沒買東西，呼吸一下戶外的空氣也好。我們不免擔心，一個都八十歲的人了，聽不太到喇叭聲，有個萬一豈不讓人難過？可我想，對爺爺而言，被「軟禁」在家裡終老，絕對比不上外出快活時發生意外來得值得。也許祖上蔭祐，爺爺從未出過事，反而曾經在走路時一個踉蹌摔斷過手臂，或許，天命自有定數，誰說枯坐家中，就能永保安康呢？那麼，從心所欲，必然不會後悔吧！就像外婆，總要三天兩頭從北投到關渡宮誦經；而終生未嫁的姑婆自外曾祖母往生後，差不多獨居了十多年，但她從不無聊，每天到宮廟裡幫忙，偶爾還會出國旅遊，反正親朋好友都在附近，相互照應又保有自我空間，即使這幾年體力大不如前，也未曾讓自己閒著，就像片中的廖爺爺，天天到法鼓山台中分院掃掃地、把靜思語貼在信封上，簡單的活，但內心很安定。

倘若今天我的爺爺和奶奶是獨自居住，不知是什麼光景。老觀念多以為住在同個屋簷下才是圓滿，確實，古代的家庭就是世界，成就事業的地方不外乎是生長之地，遙遠的遷徙，不是顛沛流離的慘事，就是當官赴任的喜事，那麼大多數的家庭自然是代代堆疊，代代同堂了。然而，現代人為求餬口、為理想奮鬥，遠渡遙遙他鄉，或許便這麼安身立命了下來，現實的洪流，我輩難以抵擋。家庭結構的改變，也造就了無數獨居老人的情況，其實長者獨居並非壞事，而是看他們如何活著。拜朋友的勇氣所賜，我曾與他在高雄車站附近與一位行乞的老奶奶交談，細節早已遺忘，只記得他的孩子們皆離她而去，幾乎不再連絡，逼不得已，她只能隻身乞討。老奶奶瘦骨窮骸的身軀弱不禁風，盤著稀疏的頭髮，坐在騎樓下，紙碗裡永遠只放著兩枚十圓硬幣，有人一施捨，她便趕緊把多餘的錢收進口袋，我猜想，恐怕是擔心路人若覺得她賺得太多，便不會再掏錢了。為何走到這步田地，只有老奶奶自己知道，我們也無從得知真相，不過，無論她過去與子女間的相處出了什麼狀況，一個龍鍾虛弱的老人，至今所吃的苦也夠她受的了，實在不該再承受這種煎熬。老奶奶的案例雖是少數，但不會是沒有，健全的社會下，耆老們當該安養天年，瀟瀟灑灑地走完這一生。

另一方面，代代之間的觀念也大不相同，沒有對錯之分，只有調性問題，依照歐美人普遍的風格，孩子成年還賴在家中（無論是不是尼特族），才真的是大逆不道，必須驅之別院，讓他學習獨立自強。世界之大，唯有自己能見證，有些道路，只有自己能行走，若未來與理想會領著子女遠行，又怎麼能限制他們展翅的契機呢？反過來說，若連長輩都有理想必須騎車出門去，又何況是子女？必要之時，我們得學著放手。顯然，我們要先學會面對生死，要懂得與自己共處。我們若能豐足自我，便無需攀附著他人而活。如此，才能放手讓親人安心地走，也才能放手讓下一代勇敢地飛。說真的，科技發達到這種程度，我要是有幸活到白髮蒼蒼且身體還勉強硬朗，不是宅在家打電動、追劇觀影，就是想盡辦法到處跑吧！若有點閒錢，與妻子環遊世界更是最美的夢。要是健康亮紅燈，就請個人來打理生活起居。至於兒孫，偶爾視訊一下報個平安就好，親情不變，永繫於心，那便足矣。

某年獨遊歐洲時，我從滋沃勒（Zwolle）搭乘火車往鹿特丹（Rotterdam），對面坐了一對非常年長的女士，我整理著照片和確認接下來的行程，她們則是有一搭沒一搭地聊天。我們不曾交談，直到她們下車之際，其中一位女士才對我說：「You are so cute.」受寵若驚的我微笑道謝（心中其實暗爽不已），看她們相互扶著下了車，我心想，像她們這樣結伴外出，不也是一幅溫馨的圖像。

開成衣廠的阿桐伯在妻子「懶得呼吸後」，獨自生活了二十多年，縱使不捨，昔日的恩愛他不曾忘卻，始終信守對亡妻的承諾——要載著妻子再次環島。因此，阿桐伯的車與其他團員的不同，唯有他騎著自己的檔車，因為那是妻子專屬的位子，也是兩人共有的溫柔情誼。阿桐伯雖然孤獨，但不寂寞，愛是他的信仰，他有家庭、有回憶，可以用來支撐其日漸羸弱的殘燭之軀。「人都會死，那不死的話就人太多了，沒有什麼可惜的啦！」朱爺爺對拍攝的年輕人說：「你的太陽才出來，我的太陽快下山了。」這群不老騎士們，透過關懷，透過交往，邁開步伐，永遠活得像自己。

當然，人口老化也衍生了壓著下一代無法喘息的長照問題，片中的鏡頭轉向安養院內一位坐在病床上的阿嬤，問她有什麼願望，她只說想要早點好起來，而好起來就是她的願望。聽來令人鼻酸，卻也令人束手無策。醫療技術有著爆炸性突破的現代，宣告著社會正式邁入高齡化，從前說「人生七十古來稀」，如今言「人生七十才開始」，不過，真的是開始嗎？還是拖著孱弱的身軀，把醫生當家人呢？壽命增長了，身體的零件卻不見得能即時更新，文明病層出不窮，每天都在發現新的疾病，東壞一角，西損一塊，鮮少有老人是完好無缺的（其實連年輕人也一樣）。如不老騎士全團十七人中，八個人有心臟病，兩人罹癌，其他大小症頭，自不待言。他們四肢健全，還能駕車環島，已是萬幸。可惜平常與我們擦肩而過的衰老騎士，並不是駕著重機，而是癱坐在輪椅中，用呆愣失焦的眼神，望向不知目的地在何方的遠方。這些長輩，受盡病魔摧殘，每天醒來，都在苦痛的折磨裡修練，究竟，長命百歲，是上輩子的修行還是這輩子的考驗？新加坡名作《錢不夠用2》就血淋淋地點出老人安養的難處，三兄弟各自深陷生活困境，母親卻突然病了，有時間的沒錢，有錢的沒時間，或是兩樣皆無，這時長照就顯得棘手。對老一輩的華人來說，被送進療養院就形同被拋棄一般，沒有尊嚴，如同坐監。確實，已經行將就木的病體，還要進入完全陌生的環境，與陌生人相依為命，見到他們宛如照鏡子，同病相憐地比誰的氣長。然而，將長輩送進療養院不代表不孝，但這確實並非最理想的做法，可現實逼人，已成了當代人再難解不過的掙扎。

爺爺中風後左半部不遂，幾乎無法自理所有簡單不過的事，更別說站立。如此長臥病榻，直到仙逝。爺爺從意識清楚到神智逐漸不清，他都只是靜靜地坐在輪椅上，由看護照顧起居，幾乎不再開口。那些年，我在念大學，每次回家看見的爺爺，都與我的記憶越來越遠，除了羸弱，還是羸弱。或許，爺爺看我也是如此？我常常擔心總有一天，我會在爺爺的海馬迴中消失，可又不禁想到，若什麼都遺忘了，是不是他就不會感到痛苦？爺爺突然走的那天，我在奔喪的高鐵上沒有哭，只是沉重，直到靈柩前，我才真正潰堤。我說不出那種感覺，內心反覆想著，被病痛糾纏的精神，終於輕鬆了；被損壞肉體桎梏的靈魂，終於自由了。我的爺爺，可以好好睡了。古諺說久病無孝子，需要工作的父母與在外求學的我與弟弟，若沒有看護的協助，單憑奶奶一人，恐怕這個家很輕易地就會崩壞。每當想起這段往事，內心對離家與安家的抉擇，不禁又衝突了起來。或許，老人若還有「能做」、「想做」的興趣並能藉此來填補生活，才是真正的福分。

印象中，爺爺從未提過戰時的細節，戰爭本來就毫無值得炫耀之處，他只有一兩次指著身上的疤痕，說是當年流彈烙下的印記。更多時候，他會在電視前大聲呼喊我跟弟弟，指著畫面上的《大陸尋奇》，興奮地說這是他的家鄉。片中的不老騎士們有說台語的，也有操著外省腔的，他們正巧經歷了台灣最掙扎的一段歷史：從戰後到退守。同個民族，兩種立場，在大和與中華的國家認同中，他們曾是要互取性命的死敵，六十多年過去，你我都活在這片土地，為家庭拼搏了一生。譚德玉爺爺說：「一笑泯恩仇」，家人在哪，家就在哪。時代的洪流推著他們殘忍，也拉著他們仁慈。孫越爺爺說的好：「時代把你丟在哪裡，你就在哪裡。」小人物，沒有選擇的權力，他們只是疼愛孫子的爺爺奶奶，都是身不由己的倖存者。譚爺爺在除夕夜祭拜祖先，貼完春聯後，語重心長地道出自己是如此想念故鄉的親人，幾十年過去了，他仍未忘懷血親們的感情，譚爺爺老淚縱橫的模樣，讓我不禁想像，爺爺在故後應該會回到湖南家鄉，他可能是以童年的形貌，穿著民初的小馬褂兒，與他的父母親、整個家族的人們團聚，在那裡，他很平靜、很祥和。

天色暗去，漆黑曠野裡一撮耀眼燈火指引道路，拉斯維加斯已在眼前。進到這座奢華至極的「罪惡之城」，突然很想念前天在觀光小鎮威廉斯（Williams）的早晨。那是位於大峽谷南緣的交通要衝——著名66號公路的一小段，人口卻僅有三千人。我在享用道地美式早餐的小餐館裡，從那位白髮蒼蒼的和藹老闆口中，知道他早在六十多年前——西元1950年——便與高雄有著特別的緣分，那是第七艦隊駐紮左營軍港的時候，連我爸都還沒出生。他經歷過戰爭嗎？如今，我從他的表情，除了一點滄桑的威儀外，只能窺見禮貌的微笑和慢條斯理的從容，在一個典型的西部小鎮，距離台灣一萬一千多公里，他只說他來過高雄，英雄什麼的，戰爭什麼的，隻字未提。老兵不死，只是凋零，每個衰老的背影，都潛伏著熱血填膺的春秋鼎盛，也埋藏了生死契闊的日薄桑榆，陶潛繁華落盡，只現真淳。就像阿桐伯所言的，沒賺錢沒關係，賺個小孩長大就好，平淡便是福。回憶少年時，宛如昨日身，一夜飄渺去，兩鬢霜白成老殘。老人們也曾風光，也曾犯難，也曾走過驚濤駭浪的擺盪時局，也曾熬過篳路藍縷的貧困歲月。老人啊！賭上所有，存活了下來，短暫的一生帶著漫長的故事，應該體面尊嚴且不帶遺憾地離開。他們跟小孩一樣，一樣純樸、一樣可愛，沒什麼不同，只是更有智慧而已。

這城、這街、這點

前陣子返鄉，突然嘴饞，懷念起老鹽埕埔的美食，專程去晃了幾圈。說起鹽埕，有兩間比鄰而開的滷味老店，凡在地人必知，遠道而來的觀光客也必吃。我久久重溫一次，一時之間忘記到底平常都吃左邊還是右邊的店，左左右右分不清楚，乾脆隨意挑了一間，兩家當天生意都有些許冷清，意外的是竟然都沒人特地出來「攬客」。這兩間店販售的都是乾式滷味，乍看之下除了裝潢招牌，賣的東西如出一轍。餐台鋪滿各種滷得黑透油亮的食材，依稀可嗅出混雜中藥材的香氣，口味略重，卻是少有的街頭美味。有趣的是，既然差不多，為什麼非得開個兩家呢？若是分店，又何必開得這麼近？沒錯，明眼人如各位一定猜得到，他們並非分店，而是分家。仔細品嘗，兩間口味仍有些不同，畢竟兩家雖然血脈相連、系出同源，第二代卻彼此翻臉不認人，豎立起壁壘分明的透明圍牆。也因此，若有幸前往品嘗，必然要先站在兩間店的中間觀望幾分，假裝猶豫，一副觀光客沒做功課的樣子，如此一來，勢必能勾起兩店之間的搶客戰火，很快就能被捲入一場「爐鍋」內的風暴，看兩方各稱正宗老店，使盡全力「招攬」客人。只是縱使吃得出差異，誰又敢掛保證百分百與六十年前的老味道相同呢？只能說口味見仁見智，嘴巴長在客人身上。誰相對和氣，誰才學得父母精髓，哪人當年紈褲，哪人勤奮苦學，在當地人耳裡不算秘密，反像是則公開的都市傳說，新聞可是隨便搜都一籮筐，不過為了防止被告，就不在此贅述了。過去，被拉客搞得尷尬癌發作因而退避三舍的例子有幾年可是天天上演，自己也不知道親身體驗多少次了，三代家傳，真的是「家」嗎？父母姐弟，一家馳名，何以弄得仇恨值滿點？親情淪落至此，旁人唏噓，自己人又如何？可能清官難斷家務事，且由他們去。確實如此，但要是連顧客上門，都得承載兩家人的氣，那壓力為免也太大，我不過是想吃個滷味啊！

親不如金，為財決裂的故事大夥都聽多了，某某鹿港百年糕餅店爭奪商標、爭奪遺產驗DNA云云，也許談不上孰是孰非，但風波令人唏噓倒是真的。幾年前，師大夜市的知名加熱滷味攤順勢入主巷口三角窗黃金店鋪，原本那台令人懷舊的攤車卻仍留在巷內營業，只不過換了個位置（還有西門町那赫赫有名的乾滷味，欸，怎麼賣滷味的各個人生勝利組，一點都不魯蛇）。問起旁人才知，都是親兄弟經營，都說自己是唯一正宗。不同的城鎮，不同的街巷，不同的店點，皆上演著類似的戲碼，親不知親，難解的經。

談起家業，那是既遙遠又臨近的概念，我看著這群抱著上一代鍋灶，卻必須同室操「杓」的接班人，不禁想到《那山、那人、那狗》裡，一個最單純的親情繼承。片子歷史有些悠久了，片裡的時代又再悠久些。1980年代，湖南偏遠村落的一位老郵差即將退休，其子順理成章地想繼承父親的職業，接下父親替附近深山村民服務的工作。頭一次上工，父母難免擔憂，而那條一路陪伴父親走了不知多少年的狼犬「老二」，更留連其父身旁，還未意識到自己要開始追隨新主的責任。放不下心的父親索性陪著兒子走一遭，也權當一趟退休巡迴告別作。

一趟完整的郵路跑下來，大概要十天半個月的時間，回到家，床都未躺暖，旋即又是下一趟的魚雁往返。因此，對兒子來說，「父親」一詞是個符合倫理架構的形象，卻是種不易描摹的關係。少年重要的成長階段，父親大多缺席，兒子對父親的印象是陌生、喜愛又敬畏的。在兒子稀少的年幼回憶裡，春節的除夕夜，父親總是缺席，但是一旦父親歸來，就會將他扛在肩上、到處放鞭炮，那是多麼快樂美好的時光。慈愛的父就像遠洋漁船上的漁人，在極其短暫的返家時光裡，盡可能地以物質與寵愛補償，除了補償家人，更補償了自己空洞的親情。當兒子逐漸成長，情感卻生疏了。敬，合乎自古以來根深柢固的倫常觀念；但畏，卻是一條切割關係的殘酷激流。父親並無不好，也看不出多嚴厲，但這種「相敬如賓」的互動，才真是世上最遙遠的距離。缺席的時光，一錯過就不再，記得小時候在美商任職的爸爸外派上海，幸運的話每個月大約能回家一週，也是聚少離多的日子。手機才剛發達、沒有網路電話可用的年代，很長一段時間都是靠傳真機通信，我爸總是親手寫信，雖然傳真是複印的產物，文字卻是真真實實的筆跡，我媽帶著我跟弟弟讀信，我們一邊學生字，一邊期待爸爸早點回家。讀國中的某年（應該是國一或國二吧），爸爸買了一台超大盒的模型遙控車，回家花了幾天功夫自己組裝、上漆，接著全家人到勞工公園「狂飆」，沒見過DIY遙控車的我們，應該是樂不可支吧！印象最深的是，隔沒幾天的拂曉，依稀看見爸爸到我們床頭輕輕話別，他又得回上海了。一陣子後我才掙扎地起床上學，爸爸早已出發多時，我走到一半，突然想起他臨走前說：「下次回來再一起玩遙控車。」不知怎地，我眼淚簌簌流了下來，就只是因為這麼簡單的一句話。

家庭的維持，可能是世上最不足為外人道、卻也最耗費心力的苦差事，其實我想，真的難熬的還有我媽，正如片中的母親，苦守、苦教、苦養，上有公婆，下有雙子，都是犧牲無數的自我所換來的。幾年後我爸捨棄優渥的待遇，毅然決然返鄉，極度艱辛地跟我媽一同創業，只為了把握我倆兄弟最後的成長時光。確實，國、高中那幾年時間飛快，我赴北念書，從此幾乎都在外地，成了名符其實的異鄉人。不過說來趣味，一家團圓不代表就會百分百和諧，摩擦總有，但這也才是親情最真實的樣貌，對吧？終究，我還是感謝他們做的決定，把家放在最前。回到繼承的問題，我更感謝的是能自由追求想就讀的科系、想行走的道路，追求自己期盼的人生，即便再困苦的時刻，爸媽仍不曾強留。不曾做夢的遺憾會比夢醒的後悔更讓人殘念一輩子，年輕足以衝撞，也足以修正。

電影中偏鄉郵差是典型勞力活，沒有交通工具，全靠萬能的雙腿跋山涉水，繞經各個嶺谷間的聚落，往往要極長時間的獨處，既難熬，又勞累。父親養的狗叫老二，顯然意味著「次子」的地位，牠相當於父親的精神寄託，是父親在漫漫長路上能陪伴在左右的，恐怕父親與牠都比父親與人還親近。郵差的使命在偏鄉可是神聖且重要的，在通訊不發達、人煙罕至的山林裡，郵件是村民能與外界通聯的最佳方式，不少年輕輩離鄉背井，入城追尋更好的生活，哪怕只是一封家書、一紙匯款單，皆是與家最緊密的依託。父親在渡河時要兒子多加留意，肩上的信可比家裡的米還重要，老郵差對鄉民的責任，幾乎超越了自己家人，路途上，每座村落都有村民的特別歡迎，看得見父親備受尊重，以及父親長年與村民們建立起的深厚情誼。只是，這份情是否比父子之間的情感還更熟悉？這是不得不的兩難，更是一家人的相互犧牲。

父親偶然瞥見兒子頭上的疤，一問之下才知道他發生過意外，身為父親，卻從不知曉親生骨肉所發生的大小事，疏離至此，豈能不難過？那麼年輕力壯的兒子，何以要走上與父同行的辛苦路呢？他自己的說法單純，就是覺得家中總要有人擔任國家幹部，其實基層郵差哪算得上什麼國幹（畢竟父親都說自己算什麼幹部了），大概就像一般公務員罷了。職業傳承，恐怕也與一胎化下的單傳以及傳統觀念有關。有趣的是，對雙親而言，兒子接與不接都無所謂，郵差只是份差事，與家族事業根本沾不上邊，也無需什麼必備技術，去城裡做工賺得更多、發展機會也更好，可是兒子矢志接下衣缽，父親更為此特別說項，終於順利了卻一樁心願。對兒子來說，承襲父親的工作，或許不只是想當幹部而已，踏上那條父親走過的風雨崎嶇，尋找那間距短小的足跡，才是他重新認識父親的最好辦法。當他踩著父親的步伐，爬過一座又一座山丘，繞行一圈又一圈的郵路，就像父親不曾放下對所有途經村民的責任，一代一代，合而為一。當兒子在父親熟悉不過的山道逐漸與自己的身影重疊，似乎明白了些什麼，在一次休息後，兒子率先起身上路，不經意開口喚了聲

「爸！」，而父親露出一抹既吃驚又欣喜的笑容，「老二，他第一次叫我爸！」這是多麼讓人感嘆的驚喜，終於，在兩人之間經年累月築起的高牆，裂開了一條隙縫，透出了一點亮光，彼此能相互窺視著對方，能訴說懷藏已久的故事。

戲裡湖南的偏鄉與山區，滿是綠意盎然，秧苗青翠、山巒疊嶂，雲霧裊裊之間，顯得再純淨不過。很自然地，我與爺爺做了連結。爺爺是衡陽人，若硬要說湖南是我的祖籍，也是沒錯，可對我而言，那是個從來沒踏上過的陌土，連個大致上可能的輪廓都難以想像，我對湖南唯一的認知，是歷史課本上曾國藩的湘軍，是《楚辭》上屈原的湘君，既是地理名詞，也是歷史名詞。有些扯遠了，不過歷史的動盪與時代變革之快，在我的血親長輩身上，也許感受是最首當其衝的，爸媽承接著兩代的認同，面對舊時代尊敬的事物逐漸消逝，同時迎來新時代不時的反動。電影裡，兒子不願讓腳患隱疾、體型瘦弱纖小的父親冒險涉水而背父渡河，溪水其實不甚湍急，可父親偷偷落下的眼淚卻止不住，他想起十多年前把兒子扛在肩上，一同進城玩樂的模樣。轉眼間，自己垂垂老矣，兒子竟已是高挺壯碩的成年人了。爺爺中風後，身體左半部不遂，每當假日全家在樓上陽台聚會吃晚餐前，我爸一定會親自背著爺爺上樓，直到爺爺離世前，從未間斷。

成為父母，做人子女，要凝聚一家之間的情感，都不是件簡單的事。血緣再濃，有時也並非「親情」的唯一憑據。大學那幾年參加服務性社團，每個寒暑假都跑偏鄉營隊，對象幾乎都是家庭功能失調的孩子，他們多半是低收入戶、單親、失怙失恃、隔代教養……等，任何你想像得到的家庭問題，幾乎都能與某個孩童的家世背景匹配。很難想像，小如台灣，缺乏健全家庭的案例竟多的是。對這些孩子而言，父母的愛或許像個傳說，只能聽聞，不曾感受。印象最深的，是某年在金崙的營隊，隊上有個低年級的男孩，矮矮小小，微微的「胖奶」（嬰兒肥的台語），忽爾害羞，忽爾過動，模樣十分可愛，但不知為何總愛叫我「把拔」，我聽了不捨，不時對他「柔性勸導」，避免他真的做了太多的投射。他也常對其他年紀稍長的哥哥姐姐這麼做嗎？是他喜歡的玩笑方式嗎？還是在他小小的內心裡，真的這麼想像呢？幸運的話，也許他生命中有足以彌補父職的角色，引導他走過缺陷的曲折，要是能從他人身上獲得完滿的情感，也許缺陷也不再缺陷。血脈並非唯一的親情，毫無關係的陌生人或許能比親人更親人，能比家人更家人，失去平衡的互動，最終關係只會停滯，終將萎縮，就算叫血親也不親。所謂父母子女，應也如此，對現在許多的年輕人而言，生不艱，養才難。低俗點說吧！反正不戴套且順利的話很快就能兒女滿天下了，但要把他們教育成行為正常與價值觀正確的人，遠比讓自己正常難得多。要與子女有著如友如親的開明關係，恐怕遠比跟朋友情人處得自然融洽還要難得多。犧牲，是做個好父母必然得接受的事實，要犧牲玩樂與放鬆的時間，犧牲各種各樣的自由，犧牲兩人世界，犧牲金錢，若沒有對等的付出，子女便不可能養成獨立堅強的人格，培養出善解人意的細膩心思。很難想像，如自己這般大抵安穩的長成之路，有多少人是要費盡心血、輾轉悱惻，才能換來一點平凡的和樂。黑白電影《內布拉斯加》（Nebraska）裡的老父親，收到一張中了百萬大獎的廣告，不顧全家人反對，堅信中獎的他要從蒙大拿跋涉千里前往內布拉斯加領獎，在妻子與一對兒子的陪同下，確定那只不過是場行銷騙局。中年的大兒子

在旅途尾聲質問他為何如此堅持，老父親落寞又支吾地說出他微薄的願望：「只是想留點東西給你們。」關係不算太好的一家人，最終還是期盼那點圓滿，為人父母者，或許都是盼望能讓子女過點好生活吧！

有時候，我看著某些技藝傳承上百年的老店，總會思索他們的第二代、第三代……可曾有過其他志向？是否也曾與上一代起過爭執、發生過衝突？人總會護短藏私，祖上披荊斬棘開創的事業，又豈能拱手讓給「外人」？強調血親的觀念如同牢籠，限制外界的創意，也束縛個人的願望。當然，更多的是甘心繼承家業的傳人，畢竟家大業大，富要過三代，焉能不賺？肯接，或許是幸運，不接，又何來不幸？

我提著滷味，想著他們的先人，當初是多麼艱辛才能開基立業，不知懷著什麼樣的心情傳承給第二代，而「家和萬事興」，竟是這麼簡單卻那樣困難的五個字。我咬了口花干，細細咀嚼，卻覺得好像少了一味，我回望兩家店面，今晚生意略為慘澹，街道皆顯得了無生氣。難不成，少的是他們沒主動來拉客的刺激？

梅崗城的逃脫名單

山間雲霧繚繞，隨風緩緩聚散，人煙稀少的部落，冬天下午的日光透著雲層均勻灑落，農地的白煙裊裊升起，空氣裡聞得到雜草燒焦的淡淡煙燻味。隔著金崙溪與其垂直的支流，這裡與省道旁車站前機能完善的聚落相比，又再寧靜幾分，雖然盛產溫泉，但遠比想像中清閒許多。金崙溪下游是既廣且長的河谷，部落立於左岸緩緩爬升的高地，並不親水，但隱然可以瞭望海口。我們從鬱鬱蒼蒼的國小出發，隨著排灣族小孩輕快的腳步，踩踏橫貫入山的主要林道而上，兩旁綠蔭滿布，偶然竄出的雞鳴與犬吠響徹聚落，更能體會「蟬噪林愈靜，鳥鳴山更幽」的意境。其實周遭是有人家的，只是沒有半點城市裡的喧囂。這已是七、八年前的記憶了，某次營隊結束後，一群朋友還留在溫泉鄉洗盡疲憊，幾個住在當地的學童閒來無事，便邀我們一道回他們的部落瞧瞧。

以不少都市人的眼光來看，整個東部盡是台灣的後花園，壯闊的山海、秀麗的自然，除了適合休閒旅遊，也適合養老。尤其原住民們生性純樸、樂天知命，過著與世無爭的日子。特別是那年三天兩頭跑霧台做研究的時候，印象更是深刻，但我幾經反省，總覺得這種印象也相當刻板，我所遇見的原住民朋友確實多半開朗好客，但他們總有難以言說的苦悶吧？所謂純樸，有沒有可能是不得不的選擇？幾年的營隊經驗，服務對象多以家庭功能失調的孩童為主，若選在東部舉辦，原住民孩子的參與比例往往極高，這可能是篩選的關係，也可能意味著長達數百年的「台灣」社會現象。這個文化與主權幾經易改的台灣，原住民從來都不是其中的主流。必須先澄清，並非只有「東部」與「原住民」才有弱勢的情況，全台都有、世界都有，我們單就何以原住民的處境普遍如此來談。

長久以來，不少人談到原住民，往往以為他們住在「山地」、移動靠「騎山豬」、說話尾音會有「的啦」，有時原民也會以此自嘲（玩笑是否無傷大雅，端看被揶揄對象所能的接受程度）。但至今仍有人認為原住民好吃懶做、酗酒成性、資質愚昧，認為難怪原住民總是居於社會底層的這種論點。先看結果，不問原因，就跟工作發生狀況時，惡主管問你理由，卻又說「我不要聽這些藉口」一樣腦殘，可惜人們總是容易單憑現象來論斷是非，總是容易犯下這種思維層面的錯。

強勢文明入侵純粹的淨土，以教化之美名壓榨，以進步之前景掠奪。當節制的農耕漁獵被迫演化成放縱的開拓，當充滿人情的以物易物被冷冰冰的貨幣制度取代，原有的生活習慣一夕覆滅，卻無人引領他們比肩潮流，他們只能愣愣地站在失去的家園，認清自己從主人成為奴僕，目送「文明」拉開越來越遙不可及的差距，然後進退失據，成為被掏空的邊緣人。他們突然失去名字、獵場、信仰，被迫學習新興的事物，而他們再怎麼努力地追逐，仍是永遠無法望其項背的輸家，因為種族是他們注定落於人後的「原罪」。缺乏教育也缺乏等同外來種族的資源（實際上，所謂教育，也是就外來民族的準則而訂定的），理想的工作機會自然無從把握，於是他們多半仍像過去做著勞力活，卻明顯無法享有過去的安穩。於是，他們獲得了「標籤獎章」數枚：懶惰、酗酒、不求上進，喔，對了！還有「知足」……有時，「樂天知命」這四個字真不知是稱讚還是目中無人的反諷。《只要我長大》裡的原住民家庭，看似和樂無窮，背後卻充滿了貧困與隔代教養的辛酸，主角的哥哥在走投無路的利誘下，誤入歧途，背負了種植毒品的罪名，但主角仍然很樂觀、很正向地懷抱著對長大後的期待，這種積極，反差得讓人糾結。好不容易，原住民逐漸能捍衛自我的權益，拯救先祖失落的靈魂，但先民獵場、大地之母的保護與取得「高端」生活之間的矛盾衝突，又成了衍生而來的不平等問題（通常只有來到城市、放下山河，才能得到機

會）。

固有文化日漸凋零，他們失去自我認同，腳踏故土卻紮根不得。什麼時候，原住民幾乎從島上唯一主人淪落成了社會邊緣人？在爭論誰才擁有台灣正統主權的時候，真不免想插一句：「原住民才是真正有統治權的人」。要是用激進一點的角度來說，原住民某天要把我們全部趕出去，我們倒也沒資格吭聲。

歷史的錯誤從未獲得正義轉型，最早活在自己的土地上，卻被當成了可鄙的外人，台灣的原住民如此，美

洲的原住民不也如此？當我們把他們的價值燒殺殆盡，等到他們徹底與我們的社會脫節時，再火力全開地譴責，凡非我族類，皆為不受教的愚昧之人。

當歧視的偏差值到達極端，看這種族便如見到妖孽，連對方的生存權都要剝奪，實在殘酷得令人髮指。《辛德勒的名單》（Schindler's List）裡，猶太人遭遇人類史上最慘烈的種族屠殺，他們在波蘭建立家庭，數百年來早已是這個國家的一分子，卻在一夕之間變成了異族，只因為個人偏狹的好惡。片中的波蘭猶太人被送入奧斯威辛集中營裡，隨謊言與流言忐忑顫慄，活在朝不保夕的恐懼之中。有人曾分享過，猶太人幾乎不願參觀這些「文化遺產」，於受難者及其後人來說，那只是沉痛的傷心地，沒什麼好公開做為憑弔的。享有和平的我們，很難想像當時的景象，史上最大規模、最殘暴的種族滅絕計畫，就在七十多年前，曾在我們祖父母年輕時真實地發生著。

我曾去過慕尼黑鄰近小鎮的達豪集中營，那是納粹第一個建立的集中營，在猶太人被大屠殺之前，這裡主要關押政治犯以及同性戀（是，人們對同性戀的歧視，也是數千年來始終無解的問題）。去的日子，天氣非常陰鬱淫冷，偌大的長方形營區恐怕有十幾個足球場這麼寬廣，四周的高牆與瞭望塔依然聳立，一旁防止脫逃的壕溝卻已綠草如茵。空蕩蕩的營區，原本有三十二間營房，如今只保留了兩棟，其它徒留地基，但仍整整齊齊的框在那裏，沒有人能遺忘。當時營區預計可容納六千多名俘虜，但當美軍解放集中營時，這裏竟塞滿了三萬二千人之多。十二年間，集中營總計關押過近二十萬人，約四萬人在此失去性命，更遑論整個二戰時期，背負莫須有罪孽而亡的受難者們。這個數字，我們無法想像，也根本感受不到它那哀沉的重量。獨裁如史達林，也說過「死一個人是悲劇，死一百萬人卻是個統計數字」如此打臉的名句，究竟是什麼樣的歧視能讓人把人命看得如此不值？而在這處集中營牢固的鐵門上，還鑄了一句更諷刺的話：「勞動換來自由」。

其實數百年前、數十年前，我們所生長的這片土地也曾上演過無數次由歧視而衍生的屠戮，無分漢人與和人，只要所謂「番人」，皆為敵人。被歧視的族群，無論土生土長與否，都是「異鄉人」，一類如美洲原住民、台灣原住民、毛利人等早已深根千萬年且世世代代都長於自己的土地上；另一類則像是經歷大遷徙的猶太人、吉普賽人，或是被迫或半強迫遠渡重洋的黑奴與華工，在異鄉落地生根、開枝散葉，數代更迭，早已視這片土地為家。但可嘆的是，他們都不曾被當成自己人。

《逃出絕命鎮》（Get Out）乍看題材有些三流，但細觀隱喻，卻是上上之作。封閉小鎮的白人聚落為了永恆的生命，看上了黑人天生優越的身體素質，運用催眠與大腦移植技術，將意識轉換到歹命的黑人身上。哪個非裔美國人會想到自己好不容易被重視的優點竟然會招來殺身之禍？美洲原住民的、黑奴的人權抗爭史，也是自詡為先進大國無法抹滅的黑歷史，兩百餘年來，流下的血只怕也不比猶太人來得少。《梅岡城故事》（To Kill a Mockingbird）在1960年代——非裔美籍人權運動蓬勃發展的時代——應運而生，南方貧

瘠之鎮的白人律師Atticus為了捍衛被告黑人的人權，引來一連串的暴力效應。做為原告的白人女性，一口咬定非裔工人Tom侵犯了她，鎮民尊敬律師，卻也耳提面命要他放棄辯護，最後更一度聚眾要對Tom進行私刑。

一百五十年前，奴隸制度終結；五十年前，非裔人權運動興起；可如今，歧視仍未消弭。看看我們，不也充斥著梅崗城嗎？從大量的移工到當地的原住民，皆處於貧苦、落後的困境，飽受異樣眼光看待，他們做不了任何事，卻必須為生存做任何事。他們是否也想逃離這座梅崗城？卻又像Tom逃不過那群為歧視而歧視的失控的陪

ARBEIT
MACHT FREI

審團?絕望的他在羈押時掙脫束縛，於是，子彈從他背後射入，再從他胸口穿出，他看見了子彈，卻也看不見了，就像先前Atticus必須射殺發狂的狗一樣，Tom只能被認定成瘋狗，而不是人。

刻板印象、以偏概全，都是廣義的歧視，即使是所謂的性別、膚色、職業、民族、國籍、宗教，都是歧視。《關鍵少數》（Hidden Figures）裡改變美國太空史的NASA非裔女計算員，不只因為膚色受盡刁難，更因為她們的女性身分，連廁所都找不到。某個研究所學長曾表明，「歧視」二字的定義豈能如此廣泛，應該更精準、更狹窄才是。是，狹義來說，我非常不以為然，這不過是知識分子無聊的文字遊戲，更何況他也說不出個所以然，自認學問深厚的賢達猶高高在上地詮釋一個定義時，為何不能低頭看看那些為了一點公平正義而拼得死去活來的弱勢?難道，我們搞出了一套明確的指涉標準，他們就能爭取回失落的尊嚴?

主觀的好惡都可能帶來歧視，隨歧視而來的就是排擠效應，用現在常見的詞語來詮釋，就是所謂的「霸凌」。另一方面，歧視本身又帶動反歧視，例如，大家總認為馬來人排華，我曾在麻六甲遇過一位滿口說著馬來人不是的華人計程車司機，貶低的內容了無新意，大略跟先前提到的差不多。一端的歧視到頭來只會引發仇恨，落於水火不容的惡性循環。小如彈丸之地的台灣，竟也可以天天戰南北、戰性別、戰族群，好似世上的一切都是二元對立。當然，隨眼界開闊，取下有色眼鏡的人也開始變多，台灣的狀況應當是漸入佳境，但仍不時會出現各種令人感嘆著搖頭的「個案」。所謂世界大同，到底是多麼虛幻的詞語呢？

我們硬塞了文明、科技、貨幣、政體給原住民，卻從未問他們要或不要，當他們適應不良，再來謾罵他們無知。被歧視的人，並不需要憐憫，也不需要同情，他們只需要外人搞懂來龍去脈、了解因果，就只是對種族的一視同仁罷了。他們的自決或者是取回族群的正義，都理所當然，我們也都該尊重。在這筆數百年的爛帳上，我們很難還得清，但總有一天得讓天秤兩端取得平衡。或許，哪天這些孩子的家庭能延續自己的文化、能維持原鄉的淨土；或許，哪天這些孩子們能擁有正常的資源，不再受貧窮困擾；或許，哪天這些孩子們可以昂首闊步，不再被人議論奸巧、懶惰與否，家園也不再被認為落後或者是罪惡的溫床。有時我會想，這片寶島的理想境地，就是原住民學生不再需要被加分的那天，因為我們都一樣，而不再需要。

不知走了多久，只知道小孩們精力旺盛，一直嚷嚷著就快到了，卻毫無要停下腳步的跡象。可能這就是文化差異吧！也可能是年紀差異吧？我們終於來到這座溪谷旁的部落，又比山腳的國小更加恬靜，他們放著我們不管，一溜煙地跑回家，拿了籃球就往小學的廣場跑。我們在一旁休息，感受少有的山林氣息。不一會兒，他們對我們大喊著「要回家了」，嘻笑一陣後，又消失在我們眼前。我們愕然，卻又不禁相視而笑，是的，什麼都沒發生，倒是我們被放生，沒有任何不快，只有滿滿的感激，感激孩子領著我們來到此地。臨走前，我們回頭看了一眼部落，然後放歌而去。

許多年過去了，你們現在好嗎？

穿過便利商店的教父與子彈

入夜以後，這條路算是整個台北市裡我最不願經過的，通常下班尖峰時間過後，狹窄的雙向道兩側便會被蜂擁而至的小黃與高級名車占據，有默契地在水洩不通的小路上讓出「一車限定」的通道，是，是，都是停紅線無誤。會讓人不想經過的原因，並非壅塞——壅塞是都市的代名詞，是人們來此求生必須背負的原罪——而是看見酒店與會館炫目斑斕的霓虹燈下那些肆無忌憚的違停車輛，還有不遠處以閃爍紅藍燈相呼應卻不為所動的警車。不只一次見過類似的場景，但警民之間彷彿早已建立起長達百年之久的默契，只要沒出亂子，便是相安無事的一天。

這條路相當長，我容易經過的地段也算是市中心，但跟其他地段相比，房價總多少打了幾折，滿是號稱一房一廳而實際上頂多擺個沙發充數的出租套房。周圍幾棟老舊得像末日過後之廢墟的大樓，媒體不時會挖掘裡頭的秘辛，寫出你想像得到的各種陰暗與潮濕，或許你還聞得到逐漸發霉腐爛的破敗臭氣。但白天，此處是再平常不過的街景，KTV、飯店、酒鋪、電影院、公園，無數的餐館小吃，與南邊不遠的另一個區域相對應。因為路名，這裡有個日式的暱稱，叫作「五木條通」；也有稍長一輩的，稱呼這裡叫「林森大學」。相較二、三十年前的盛況，這條路已不算風光，配合橫向的垂直的棋盤式街道，此處曾是日本商務客最愛駐足流連的極樂鄉，業務領著他們穿梭於大小條通裡的日式酒店，目的不外乎趁著觥籌交錯、酒酣耳熱之際談定幾門重要的生意。如今，為了迎合時代，娛樂經紀、傳播紛紛林立，懷抱各種理由的人匯集於此，在倒了又開、開了又倒的酒店裡輪迴。

亂，好像是常人對林森北路的唯一聯想。老實說，對路人或單純來尋歡的客人而言，五木條通這裡可能比想像中還安全，至於我偶爾路過的區域，自己也無法界定那種感覺，真要說不愛經過的原因，大抵單純是對交通的潛規則感到納悶吧！會深夜跑到林森北路的理由，單純建立在一間間的宵夜攤車上。這天，我也是抱著尋覓的心態，挑了間很舊式的鹽酥雞攤，沒有脫油機，只有一個偌大的中華油鍋，以生辣椒丁取代辣椒粉，很油、很貴，卻意外出色。老闆生意不錯，我趁等待的空檔到便利商店買瓶飲料，門一打開，一位穿著火辣的女子與我擦肩而過，緊身短版洋裝勻貼出她的纖瘦身材，露出一雙修長美腿，

極長的假睫毛與濃豔的妝底，看起來十分亮麗，卻也看不出幾分真實的模樣。她踩著將近十公分的尖頭高跟鞋，叩叩叩地快步走出店門，而那甜膩到幾近讓人窒息的香水味仍殘留在店內，久久不散。我看她走到一台臨停的改裝車旁，駕駛座有一隻刺著龍虎的手臂架在車窗上，夾著一根菸，是位看起來氣勢非凡也帶幾分凶神惡煞氣息的年輕男子。辣妹上車，引擎催落，轟然一聲，他們飛快地揚長而去，即便車已遠去，我還聽得見那隆隆聲響。

你覺得，他們是什麼呢？也許被

道德觀綁架的我們，若誤入暗夜的聲色堡壘，必定心生畏懼，排斥同溫層以外的樣貌，將其定義為非我族類的黑色勢力。當時，我也如此，首先是對那惱人的引擎聲啐了一口，然後酸酸地想著，大概又是靠哪些黑心事業賺來的吧！接著，很容易進入腦補狀態，幻想他們像電影裡的黑幫，私下搞著危及社會又弭平不了的不法勾當。我腦海迅速翻過一遍各種「被植入」的印象，數十年來，臥底、黑幫、混混、警匪的電影比過江之鯽繁殖得還多，過去香港《古惑仔》裡浩南哥的形象早已深植人心，樹立起一套亞洲黑道電影的楷模，連我去旺角時都害怕在缽蘭街被砍，影響力之大可見一斑。後來的《無間道》、《寒戰》系列，幾乎讓我想到香港就想到黑社會，就像義大利黑手黨一樣惡名昭彰。而造就美國屹立不搖的黑幫經典《教父》（The Godfather），四十年來會讓人想加入黑幫的理由莫過於它了。韓國崛起後，此類型的電影也是多不勝數，例如被不少網友譽為韓版《無間道》的《闇黑新世界》；而台灣，也有引發效應的《艋舺》以及後來的《角頭》等。諸如此類的電影之多，比較起來可能可以寫成一本專書，幸好本書的電影都是個藥引，重點只想就黑社會本身來談。

黑道可怕，因為黑道絕大多數的基層組成是地痞流氓、小混混，是社會角落裡最陰暗不過的邊緣人。只是，在進入這道暗門前，有多少人是打從出生就以此做為志業的呢？他們年紀輕輕便入行，也許是自幼家庭失和，讓他不曾體會親情的溫暖；也許是成績總倒車尾，讓他成為同學嘲笑老師不要的對象；也許是清寒的家境，迫使他把求生存看得比什麼都重要……十多歲的燦爛年華，只有孤獨與無助陪伴，當所有的低潮相互碰觸，再邊緣也能串聯成圈，於是，不再期盼常人的美好，不再受限普世的價值觀，「反骨」成為他唯一的選擇？那些在單親、隔代、貧困等家庭功能破碎的環境中長大而最終能突破困境功成名就的例子，可說是非常非常幸運的少數，或許是因為他遇到了足以改變其人生道路的貴人。可是有更多人的年少時代是在孤立無援的怒海漂流，不是被惡浪吞沒，就是死命攀附著僅有的浮木，而那浮木，通常名為犯罪。當社會不夠健全，當信任逐漸崩解，能即時賦予的助力便更少。至於所謂的貴人，真的是彌足珍貴的稀有動物。《艋舺》裡的蚊子，不就是在缺乏能引領他走向「康莊大道」的環境裡，為了獨力扶養的母親、為了所謂的「義氣」，而走向不歸路嗎？我很常思考，易地而處，假設今天我們的生長背景互換，難保我不會走得更偏，做盡一切窮凶極惡的行為，當個徹頭徹尾的惡霸，好命一點混出個名堂，歹運的話便在底層不斷打滾，被生存的重擔壓得無法翻身，最終就在某個髒活下犧牲。喔對了，好運一點也許有免費牢飯可吃，歹命的話就橫死街頭……嗯，到底哪個是好？哪個是壞呢？

這樣的思維並非為了開脫，而是要避免成為非黑即白的二元論者，失去基本的同理心與判斷力，所有的結果，必是事出有因。當然，若有浪子回頭的感人故事，必然深受推崇，新聞總是要開個專題採訪，下個斗大聳動的勵志標題，先抑後揚，把年少的不堪與罪惡挖個徹底，懺悔式地向世人告解，接著切入他生命的轉捩點，從此揮別過去，專攻於某項技藝，學有所成後，終得平穩生活，甚至揚名立萬、回饋社會，好不觸動人心。誠然，幡然悔悟總比執迷不悟更有意義，世上多一個好人，就少一個壞人，最好還能像周處除三害或是像漫威的洛基一樣拯救世界，大部分人的邏輯都是如此。有時，好像沒有一個悲慘的低潮、失控的荒唐，就無法展現個人如此努力的價值，而說不出故事的人，再怎麼拼命，也比不上谷底反彈的驚奇那般讓人津津樂道。所謂「好」學生與「壞」學生的比喻，大抵就是如此吧！成績優異、敬陪末座或素行不良往往都會留下深刻印象，無論好壞，反正都是種特別，反而那些不上不下又安分穩定的學生，最後就成了畢業紀念冊上那些寫得出名字卻記不起長相的陌生人。這確實值得讓人思考：所謂不堪，有需要特別張揚嗎？換個角度想，當初因為他們而受到傷害的人，是否也獲得彌補了呢？受害者心上的創口，再怎麼結痂、剝落、淡去，永遠都是留下了瘡疤，一輩子如影隨形地提醒自己——我曾經那樣被傷害過。《追龍》讓兩大經典港片的主角雷洛、跛豪跨界合體，而屬於香港四大黑社會家族之首的後者伍世豪，叱吒風雲十多年，從潮汕難民一路發跡成為四海聞名的毒梟，他的座右銘「萬般帶不走，唯有業隨身」血淋淋地驗證了他此生所遇的憾事和他那揮之不去的懊悔。《無間道》中，黑道派去警界臥底的劉建明，在幹盡髒活後也是一心「只想做個好人」，可他全身早已浸在血海之中，一生必須背負多少罪業活著？望君回頭是岸，那能否順便修個碼頭呢？

並不是要開酸這些重回正軌的可貴之人，權力、名譽、肉慾、金錢、毒品、暴力……只要稍有不慎，都會牽扯在一起，誘發人性最黑暗的一面，漸漸地囊括所有罪惡，層層堆疊成國家的、世界的包圍網，只要有光，便擺脫不掉黑影，看似壁壘分明，界線卻模糊且遊移。任何人都能被黑暗沾染，無論他是否自願。這裡我插播電視劇《他們在畢業的前一天爆炸》中的高中生們做為例子，這群高中生不過就是血氣方剛、涉世未深的少年，用單純的價值觀認識世界，卻被世界蹂躪了他們的單純。陳浩遠有著全縣第一的優異成績，卻阻止不了欠下重債而自盡的父親；洪成揖的父親為議員頂罪入獄，在議員的扶養下始終找不到認同感，直到十多歲才首見生父；林筱柔與失智祖母一起生活，卻因交友不慎，一度受藥物控制而淪落性奴，懷上了不知生父為何許人也的胎兒。黑暗在光明之後虎視眈眈，從生命中的每個缺口趁隙而入。悲慘如浩遠與成揖的父親，法律無法容忍，社會也不給機會，底層的弱小動物欲振乏力，墮落後只能更墮落，在沒有盡頭的陰暗面向下循環墜落。筱柔受不了毒品與性暴力的折磨，與長期輔導的老師發生關係。逼債威脅浩遠父親的高利貸頭頭竟是與流氓黑道合污的警官，放貸的上游更是表面不斷釋出關心的議員。成揖發現生父再次為議員賣命涉險，怒不可遏的他奪槍對準自己，浩遠的好意阻止卻演變成誤殺生父的慘劇。最終，所謂「優秀」的好學生，失去其脆弱的理智，偷走了槍，深入虎穴，在對議員扣下扳機前，被黑道警察一槍打穿頸動脈，生命正式在畢業前一天爆炸。權貴、地方勢力、執法單位與黑社會同流合汙，儼然是一座牢不可破的犯罪堡壘，深根在地，「割」民喉舌，讓小人物走投無路。平凡如我，大概就是這個國家中的下級學生，想想那些違停車輛的車主，反正，最優秀的不怕罰，因為有錢有勢；最糟糕的也不怕罰，還是有錢有勢，最極端的兩點，或許是最相似的。

君不見小人物辦不到的重大政經犯罪，不外乎源自那些衣冠楚楚、住在金字塔頂端的上流人士。其中，更不乏名氣響亮的袞袞諸公，他們聯手掌握國家脈動，總是口口聲聲說會讓世界更美好，卻往往開地圖砲全面性地剝削你我的社會。也許報應有時，但也會有人就這麼逍遙法外，一生平安幸福，就像某個逃亡美國的十大通緝經濟要犯，亦如避居加拿大終老的雷洛。

《闇黑新世界》（신세계／New World）的黑幫「金文」不只是黑幫，更是主宰國家經濟體的大型企業之一，當角頭與執法者勾結，靠不法手段擴張成政商大老，就像侵蝕全身的癌細胞，等發現苗頭不對，為時已晚，縱使消滅了所有的癌細胞，病入膏肓的身體也已兩敗俱傷、殘破不堪。《無間道》的黃警官、《闇黑新世界》的姜科長、《追龍》的雷洛，都與黑幫維繫著表面上相安無事但私底下劍拔弩張的巧妙平衡之關係，染成一片模糊的灰色地帶。當黑道大老往生，警察不是肅清，而是為其靈車開道並派遣警力站導護，真可謂是大到不能倒。警察與黑社會雖熟悉親近，卻各懷鬼胎，往往得透過黑吃黑的方式，扶植聽話的勢力好夥伴，來剷除眼前的禍患，然後當「好夥伴」擴張到不受控制，再另覓新勢力來掣肘，敵人的敵人就是朋友，代代首腦宛如霹靂布袋戲的魔頭般永遠殺不完。更重要的是，不知不覺間，有多少已變調的正義仍在持續沉淪呢？尤其雷洛，完全是箇中翹

楚，靠著包庇黑社會，建立既壯大又忠心的幫派，用以制衡整個香港大大小小的黑幫，創造一套同流合汙的共生機制，表面上打擊不合作的目標，私底下縱容對方並收取回扣，一時之間，社會竟安定了起來。原來，上下交相賊，才是我們社會構成的本來面目？

上流菁英就是好人？掌握執法大權就是正義？只有黑道才會魚肉百姓？顯然現實跟我們從小學習的價值觀早已背道而馳。《教父》的首領維托・柯里昂可以經營各種事業，唯獨不願與毒品沾邊，對他而言，毒品是一碰便終生擺脫不掉的惡魔，與酒氣財色相比太過殘虐，聽起來有些可笑，黑幫，談什麼良知呢？但黑幫的糾葛，就只於黑幫之間解決，七十年前黑幫大老的原則或許意外地值得敬佩。《闇黑新世界》的主角李子誠是長年在黑道的臥底警察，唯二知道他身分的是局長與帶他入門的姜科長，老實說，這部片差一個臥底黑道的角色就真是《無間道》了，尤其是開始沒多久，李子誠就對著姜科長大喊：「每次都說幾年再幾年，明明說是最後一年了」，簡直如出一轍。臥底，是披著狼皮的白鴿，骨髓裡滿是正義，但仍經不起鮑魚之肆的薰染，在現實的挑戰下由內而外層層剝落其僅存的教條。片中爭奪「金文」社長大位的老三鄭青，平時一副吊兒郎當的莽夫模樣，詼諧得讓人很難瞧得起他。然而，鄭青在派系械鬥時身中多刀，遭受致命的暗算，臨終前，他竟不

忘安撫李子誠，表示自己明白今日之遭遇並非其所願，自己不會責怪他，所以要他好好保護自己並且努力地活下去。兄弟間的情分，比起見利忘義的內鬨以及棄之如敝屣的正義，顯得彌足珍貴得多了。最可怕的並非身處黑暗，而是永遠看不見光明，子誠徹底捨棄了信守多年的使命，策劃了一場撼動黑白兩道的全面反擊。黑，豈止於黑，還是白到發亮的正義之師，但仔細一看，才會發現底下正滲透著慘澹的灰。

那些懷抱著改變世界的理想而奮鬥的人們，或許是公義的最後防線。

當社會應有的功能與日俱失，底層的問題只會成反比，身處在江湖中的「8+9」依然身不由己，他們跟我們沒什麼不同，都是被權力頂點操控著的庶人。我忽然想起十多年前自縊的小舅，因為成績太差被學校鄙視，在過度貧困的年代，一包小小的粉末是最自由的解脫，於是此生萬劫不復，誰都無法拯救他。而那些找上門的討債集團成員們，是否也像放高利貸的議員一樣？這讓我感到惻然，隨便挑了飲料結帳，甫出門便看見一台要價數百萬的名車停下，一名西裝筆挺的中年男子從中走出，他外套上暗暗反光的質地看得出要價不菲，他摟著一位與自己年紀大不相稱的妙齡女孩，同樣穿著清涼，一邊撒嬌、一邊依偎著他走進店內。而駕駛座上，年輕的司機低頭滑著手機，宛如置身於無人之境。在這七彩霓虹燈轉吧轉吧的長路上，絕大部分的世界已沉沉睡去，但他們的白晝，才正要開始。

再見台北星期天

租屋處附近有間生意挺好的豬血湯店，供應滷肉飯、腿庫飯、炒米粉等平民美食，因口味獨特、營業時間甚長且價格實惠，用餐時間客人絡繹不絕，從午餐到消夜都有人前往飽餐一頓。假日，我總要睡到日正當中才不情不願地拖著空嚎的肚子起床覓食，這天已是午後三點，大部分的平價餐館早已休息，看來豬血湯又是最佳選擇。我坐在開放廚房的旁邊，大口吃著滑溜彈牙的紅豆腐。

突然，瞥見一名中年男子走進店裡，拿了袋像是點心的東西，交給其中一位女店員，並叮囑她：「這份是妳的，那份是某某的，下班好好休息啊！」男子顯然是台灣人，店員聽口音大抵是東南亞的外籍勞工，我推敲應是雇主買了些吃的來慰勞辛苦的員工，畫面看起來幾分溫馨，畢竟在台灣，東南亞籍勞工不要被歧視就已是萬幸了，更遑論有人為他們花錢。我啜飲了幾口湯，懵然想到，台灣的服務業似乎沒有開放東南亞籍移工？在這充滿滾燙熱油和湯水的環境裡，不知道他們是否有保勞保？也不知道他們有沒有獲得勞工基本應有的權益？

常有人戲言，台灣人的友善只限於對歐美人，這當然是以偏概全的誇張式玩笑，但會有此說法必定其來有自。台灣外籍移工、看護被壓榨凌虐的新聞層出不窮，若是沒有勞保的移工遭受職災，唯一能做的苦力活斷不可能再繼續，其下場不外乎是遭到遣返然後回到貧窮無助的茫然窘境之中。如此絕望的結局，在《再見瓦城》（The Road to Mandalay）的福安身上，就能看得清清楚楚，他躲在泰國打黑工，意外斷腿後，僅得到四萬泰銖，就被迫簽下和解書，被迫送回緬甸。福安不過是劇中的一個小小配角，卻成了最警世的寓言。與他相同的，無論男、女主角，他們全是一群來自滇緬公路起點的臘戍而被國家遺忘的華人後裔（某種程度，無論你怎麼定義他是哪國人，他都是被祖國遺忘的人……）。家鄉不存在機會，外邦不給予尊嚴，他們只能藏匿於曼谷郊外的工廠，是沒有身分、不諳外語又毫無抵禦能力的完全弱勢，也是苟活在大都市暗處的幽靈。《再見瓦城》揭露了東南亞開發中國家之間的差距關係，從社會發展水準較低的國家潛入發展較佳的國家中（就現實而言，泰國正持續準備隨時與我們進行黃金交叉……），人們的生存環境沒有最惡劣，只有更惡劣。對這群黑工來說，曼谷並非一個安身立命之地，頂多是墊腳的中繼站，或者

說是人生谷底的黑歷史。女主角蓮青一心想賺夠錢就到台灣築夢，而男主角阿國則滿懷期望地要帶蓮青回鄉廝守，從來就不曾有過留下的念頭。是啊！沒有身分、沒有尊嚴，又何必留在傷心地呢？蓮青抱著近乎無知的期待，對於家鄉，她只想逃得越遠越好，始終懷著下一個國家會更好的憧憬，但是，來到台灣之後處境就有不同了嗎？我們只看得見來來去去的東南亞移工，如同免洗餐具一般隨拆隨用，用完即丟，對他們而言，這裡，是否曾讓他們有過歸屬感？是否符合他們的人生理想？或者，這裡不過是一個比上不足、比下有餘的中繼站？

檯面上的移工是一種，檯面下如餐廳裡的黑工也是一種。蓮青在工廠只剩一個代號，宛如星爺的9527般，徹底失去名字，沒有正當的身分可以抬頭挺胸地走在日光下。實際上，亦有不少以其他簽證名義在國外打黑工的台灣人，只是與《再見瓦城》那群完全沒有居留權的偷渡客相較起來，比較體面一些罷了。有朋友在美國認識了一位校級退伍的台灣人，他曾花盡積蓄赴法國藍帶學廚藝，如今憑藉學生身分滯美多年，私下兼了兩份餐廳的黑工，始終沒有獲得正職的機會，他怨嘆若不如此，根本無法生存。問他為何不回國？不過只是因為他有個在當地開餐廳的美國夢。東南亞人來到台灣，台灣人去到歐美，然而，會不會哪天換我們要前進東南亞呢？

越來越多人選擇到世界各國闖蕩，條件好的少數成為了正職；但大多數是短暫的打工性質，做的通常是當地人不願做的勞動力工作，這不就是台灣移工處境的翻版？只不過換了個漂亮的名字——打工度假——是否就能很高尚地判別我們與「外勞」的不同？實際上，很多工作內容，台灣也有得體驗，許多傳產都面臨著人力荒。只是，國家換了，薪水暴衝了，生活品質更理想了，於是，我們爭相逃出。時間一到，無法留下來的，只能回歸現實，然後侃侃而談在那個歐美人建立的國家，生活是多麼美好。其實，我們都一樣，都想在更先進的國家中追求更高水準的生活，若無法久待，則希望累積到足以回鄉面對困境的資本與能力；更重要的是，我們都希望能被這個國家認同，獲得平等的尊嚴，而非被視為一個隨時可被替代的外來異種。

所有各位不願經手的苦活，一群領著微薄薪資的「朋友」替我們承擔，而在不知不覺中，我們也逐漸成為其他先進國家中的這群「朋友」。然而，無法久留、簽證過期，打著體驗人生的美夢旗幟隨即卸下，沒能成為正式員工的我們終究要回來面對殘酷的現狀——要做什麼？有些條件遠勝常人的人才會受到當地雇主的青睞，擠身大國前瞻的潮流，他們也是移工，但卻是極幸運的少數。普遍打工度假的職業性質，你我皆知，也就是台灣外籍移工所為的勞力活，那麼，回到家鄉，是否願意與國外同工但不同酬呢？

當我們的政府可以大言不慚地說出「平均經常性薪資」被「外勞」拉低，你可以看出整個國家的格調也被政府拉低了。外勞外勞，外來只能苦勞，光是稱呼的指涉就點出台灣眼前的問題，也可說是唯一解：正是因為這群移工承擔起台灣人不願意付出的苦力，才得以讓我們「苟延殘喘」。若外籍移工的薪資分布是極端值，可見他們的薪資是多麼的低，在連台灣人都苦喊物價飛漲而活不下去的環境裡，不難想像他們過著何種生活；另一方面，政府一面拉攏外籍移工，一面告訴全國人民：「你們很幸福啦！這些外勞才可憐呢！」持續以比較級來營造國人的小確幸，遮掩起高齡化長照對中生代造成的衝擊，以及年輕人高不成低不就的進退失據。況且對面的泱泱大國已不知成為多少國人淘金的夢想之地，情結上自詡外籍，卻又對同文同種的環境感到慶幸，在面臨成長失衡的兩岸，我們又是要，又是不要。真榮幸，我們能被浩浩蕩蕩六十萬移工的薪水拖垮。

若說《再見瓦城》緩慢且沉悶得讓人窒息，在結局突來一筆敲醒夢中人；那麼更早以前的《台北星期天》（Pinoy Sunday）便徹頭徹尾維持一貫平靜的幽默，卻時時藏匿著辛酸。片中來自菲律賓的Dado Tagalog與Manuel Dela Cruz在台灣各自遇上了感情挫折，應該是美好的星期天，兩人卻心灰意冷，碰巧發現一張被吵架夫妻遺留在路邊的大紅色沙發，哥倆好以為是廢棄物，興致勃勃地想把沙發搬回工廠。兩人扛著沙發、分不清東西南北，只想著要穿越台北，沿路遇上了台灣社會各種光怪陸離的奇妙現象，更不乏被警察與記者懷疑是否偷東西的歧視遭遇。最後，兩人以沙發為舟，坐在上頭彈著吉他哼著歌，想順流漂回工廠，結果卻讓沙發泡水報銷，更落得違反門禁被遣送回國的下場。一路上趣味橫生，結局卻讓人感到哀愁，對兩人而言，坐在沙發上喝啤酒、享受閃爍星空，是多麼單純而快樂的人生，如此簡單的想像，對來此的移工而言，竟成了遙不可及的奢望。

我們不妨思考，為什麼移工們的假日都只能群聚在火車站周圍席地而坐呢？無論是台港等地，狀況都一樣，我在香港北角碼頭看過一長排沿著碼頭邊整整齊齊鋪著地墊聚在一起的東南亞移工們。若去過馬來西亞或新加坡，應該很容易發現馬來人喜愛在假日挑選公園綠蔭的陰涼處野餐休憩，我在福康寧山公園便看見不少彈著吉他、悠閒吟唱的男女們，那是何其自在的畫面（令人莞爾的是，野餐也突然在台灣都市引起熱潮）。我想應該可以理解了，「坐」，就只是想找個地方好好地靜下來，享受自由，把握難得可與朋友親近的時光，就這麼簡單。對獨自離鄉背井的移工來說，要排解對遠方家人的思念，便是找到同在異鄉的淪落人，尤其是在稀少單薄的假日裡（連我們都嫌假不夠了，何況他們）。幾年前台北車站盛大翻新，大廳成為外勞假日的集散地，竟引發不少正反輿論。許多人認為外勞在台北車站席地而坐有礙觀瞻，也有人認為政府沒有給予移工應有的休憩資訊，但我們可曾想過，台灣的娛樂消費他們是否負擔得起？他們不到其他公眾場所休憩，是否與我們看待的眼光、社會的氛圍有關？或者是否與台灣的物價有關？又或者是他們根本不知道有哪些地方可去？

在異國維持生計倍嘗艱難，若不像那赴美的軍官兼兩份黑工，不像偷渡的蓮青四處躲避查緝，如何生存得下去？「肉體」，恐怕是最後僅存的答案。幾乎所有國家最陰暗的角落，都有一群同是體力活，卻得出賣心靈的「移工」。清清白白的處子蓮青，為了一絲絲極微小的尊嚴，也為了找到一份有保障的工作，不惜散盡血汗錢也要辦張身分證，卻屢屢遭受詐騙，在走投無路的絕望之際，她終究選擇走上出賣初夜的命運。她眼中的「恩客」是隻吐著蛇信噁心的巨蜥，緩緩咬穿了她棄守的貞潔，就像這個世界吞噬了她的天真。於是，阿國崩潰了，他沮喪、懊悔，譴責自己無法保護心愛的另一半的無能為力，或許他也難以接受蓮青只想「正當」活下去的自私抉擇，然後，他謀殺了蓮青，接著自戕。或許，他們的結局就像《接線員》（The Receptionist）裡說的「蚯蚓離開土地太久就會死掉」那樣，漂泊異域的底層異鄉人，受盡現實年年歲歲的侵蝕，再堅韌的心也會被啃食得一點也不剩。《接線員》裡的移工，是更多在絕處求生，不得不落入紅塵的女性。我無須避諱，服役的那年，在連上認識了來自四面八方的弟兄，無論是自願役與否，都不乏熱衷穿梭花街柳巷的尋歡客（先打個預防針，絕對不是歧視國軍，而是原來成長環境真的能很穩固地隔起同溫層，要不是當兵打散了一切階級背景的隔閡，我也很難想像這些事是真真實實的不斷發生在我們身邊）。我並不反對性產業，無論何種性別的性工作者，某種程度上也算是撫慰了許多無法排解寂寞或慾火的空洞心靈。走一趟阿姆斯特丹，便能理解完善的公娼設立，不只確保性工作者免於暴力、毒品與黑道的控制，更能還給他們一個應有的尊嚴。離題了，我更關注的是那些逼不得已或遭受誘迫而下海的可憐女性，尤其許多不慎流落異鄉，從此與故土永隔的哀婉悲劇。

「外勞」與歧視，在歷史上幾乎畫上了等號。低下、無能、淫蕩、下賤、懶惰，任何你想得到的汙名化，都是曾他們身上曾遭受攻擊的烙印。不只外勞，外配也是一群典型弱勢，過去我們拍照若有些矯情兼老派，總不免拿「越南情緣」來戲謔嘲笑一番，我想大多數人當下都沒有歧視越南女性的意思，但是將越南與「落伍」畫上等號的觀念，幾乎是無庸置疑。常有人嘲笑單身男子，要他們去找仲介買個越南新娘，這也是同等的心態。當然，也有朋友覺得請來的東南亞看護一下這不想做，一下那不想做，認為看護的態度惡劣又懶散。確實，凡事都會有個案，我們都有桀敖不馴的不良員工了，別的國家自然也有，可是瑞凡，雖然他們回去了，但要知道看護不等於外傭，可惜大多以奴為本的台灣雇主都看錯了使用說明書。看護身兼數職，瞬間把所有家事技能點滿，美其名為看護，實則為家政婦。雇主逼他們做盡功德，也不知他們此生有沒有機會獲得福報，待他們苦痛地忍耐到了極限，再羅織一個「不服管教」云云的罪名將他們送回絕境。難道，像Dado與Manuel，只求完成該做的工作，好好地坐在沙發上喝杯啤酒，然後能早日回家鄉陪伴孤苦的妻子與年幼的兒女，這樣會很過分嗎？我們把國家的水準、國族的情仇、人種的外貌當做評判人格的標準，卻從不探討為什麼。在台灣，還有一群待得最久，卻比外籍移工更像外勞的族群——原住民。上述的污辱，到現在仍然見得到，他們多半在這個國家做著低階的工作、過著「知足」的生活。你說，他們與《辛德勒的名單》（Schindler's List）裡的猶太人——明明長居於這片土地，世世代代以此為家，卻在一夕之間不被認同——是否有幾分相似？沒有什麼「就是這樣」的人，從來沒有。

我偶爾喜歡逛逛外勞雜貨店，主要是喜歡東南亞的零食和泡麵，標準的超高CP質，某次在台中興沖沖買了幾包泡麵，正要調理時，竟發現早已過期，還不是一兩週而已，令人痛心，我無法想像，這些台灣老闆咬定移工別無選擇，爽賺他們啃著過期泡麵的貪婪神情。想起當年《台北星期天》上映時，還曾有因擔心外勞擠爆電影院而不願排片的消息，簡直令人髮指。

很多朋友在澳洲、歐洲的打工經驗都甚好，並非單純只是待遇優渥，更重要的是即便工作苦力、內容無趣，仍舊會被當成是一個完好的個體，一個來自異域奮鬥的「朋友」。當然，也必定有很多碰上不平等對待的例子，歧視還真像比喻萬用的洋蔥，一層比一層深化，越是靠近核心，越

讓人鼻酸淚流。那麼，我們能否用同樣的基準視弱國外籍移工為等閒？當我們正在百邦之中逐漸淹沒，難道也希冀來日其他先進國家以鄙夷眼光看待我們？此一時，彼一時，誰能預測你我之子女來日會遭遇何種更難堪的歧視呢？

我把午餐吃個碗底朝天，心滿意足。臨走前的店裡恰好是離峰時段，客人不多，兩位外籍女店員坐著休息，神情輕鬆許多。想想如果是穆斯林，當然不可能接受這一味，那其他信仰的移工呢？一碗四十五元的豬血湯，對我們算是物美價廉，但對連假日都不敢隨意踏入便利商店的他們而言，或許永遠都無緣品嘗。我突然想起家裡屯著偶爾拿來放縱一下的印尼蝦油酸辣泡麵，一包要價個位數，但誰都知道不能多吃，就像《再見瓦城》裡的移工們，明明在麵店工作，卻把泡麵當作每日必備的主食；這與我窮遊倫敦時，發現一粒漢堡要價四英鎊而選擇每天至少一餐食用超商冷藏三明治來果腹的處境，還真是有異曲同工之妙。星期天的午後，台北一貫的燠熱潮濕，要下不下的烏雲滿布，希望，遠處正在搬沙發的朋友，別再讓它淋濕了。

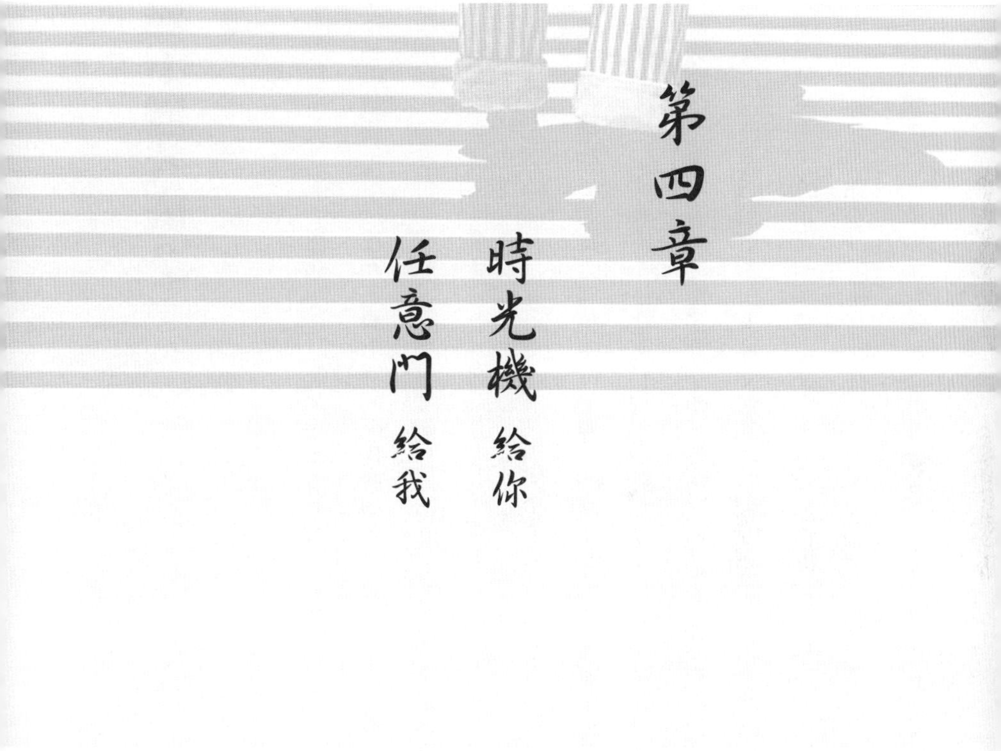

第四章

時光機給你
任意門給我

張曉還變不變若曦？

年節大掃除的時候，從櫃子裡翻出一口挺大的老舊塑膠袋，打開一看，裡頭是兩尊塵封多年的霹靂布袋戲戲偶，不過並非電視上播的那類要價一、兩萬且需要雙手操作的大型戲偶，而是不甚精緻、臉部有些扭曲、既小尊又便宜的仿製品，用來滿足我這種一頭熱的中二生恰恰好。想來我會讀文科讀到碩士，進而導致出社會後一事無成……不是，是大器可能晚成的主要原因，全都怪他們，哈。小時候壓根不懂台語（偏偏父母的台語流轉得很），卻因為同學的「煽動」而踏入布袋戲的世界，同時，我對金庸等武俠小說的熱潮尚未退燒，主角身懷絕技、仁德兼備，往往還能譜出一段動人心弦的兒女情長。在兩邊俠之大者的激昂精神夾擊下，血氣方剛的叛逆期少年，理所當然地愛上這種出場要吟詩、沒事也要吟詩或整本書古意飛揚的風格。在美漫英雄還沒侵略世界前，武俠就是我的英雄。細想古典文學脫離不了歷史，於是又一頭栽進文史不分家的宿命裡。那段成長日子，每天都妄想能穿越古代，化身當世奇才，扭轉悲壯晚景。或當個延年益壽的諸葛亮，狠狠擊退司馬懿，一統天下、中興漢世；或做那仕途順遂的辛棄疾，北抗金蒙收復大宋山河，了卻君王天下事。可年歲漸長，俠膽豪情的放縱少了，對現實的同理卻也深了。所謂令狐沖、素還真，還真是太過虛妄；李杜歐蘇，若處當今亦是時不我與。雖然對文史總有熱情，但讀書寫作之樂，已在埋首書海的苦悶與茫茫前途中消散殆盡。後來想想，真正靈魂穿越去做個古人，只怕故事不會那麼美好，君不見《步步驚心》的若曦，就是一無所有的哀婉結局。

意外穿越清初的張曉，莫名其妙地附身上了貴族世家的馬爾泰・若曦，正巧兩人宛如同一個模子印出來的，不明就裡的張曉，無縫接軌地以若曦的身分在大清過完短命淒楚的一生。老實說，我最想知道的是，原本的若曦的靈魂跑去哪了？難不成就這樣被張曉鳩佔鵲巢後，無止盡地在陰間孤苦飄盪？唉，若是如此，也太悲慘了吧！張曉好歹在若曦死後還能回到現代繼續過日子……啊！扯遠了，總之，《步步驚心》著實是皇室間各種悲劇的總和，從皇子到奴才，無一倖免，全都深陷在這場宮闈內的風暴中。無情最是帝王家，一入宮門深似海，為「社稷」二字，你我皆得權衡再權衡，是以有情人終不准成眷屬，想愛惜羽毛的的被迫選邊押注，身不由己，就是皇室的最佳寫照。更不用說，為了那張龍椅，家族之間相互攻訐與構陷，連不具企圖心的阿哥也無法置身事外。兄弟鬩牆還算小事，滿布鮮血的宮殿才是最使人恨極斷腸的結果，也是「篡位」登上九五至尊的四爺胤禛終其一生都無法擺脫的夢魘。

不勝唏噓的是，九子奪嫡的始作俑者正是原本想阻止一切發生的若曦。她早年明知胤禩等眾阿哥的下場淒涼，也克制不住對他的一往情深，但她千算萬算，卻又算不到自己會愛上嚴肅冷酷的胤禛，更料不到，當年一句對胤禩的善意提醒，竟引起他對胤禛的猜忌與設計，然後變成了腥風血雨的開端。若曦如此冰雪聰明、慧黠大膽，對康熙與眾阿哥們的下場了然於心，仍無法遏止憾事連環爆發。早知這場普天之下最沉重的愛情會以悲劇收場，張曉還會願意穿越時空回到四百年前做為馬爾泰・若曦嗎？也許她無從選擇，終究得魂魄入軀，捲入那九重深迴的皇位鬥爭之中。若曦早就知道歷史怎麼搬演，還是難逃「愛到卡慘死」的命運，小人物的際遇可以被反覆撥弄，推進歷史的環節卻早已被註定，就算能重來，張曉應該不會願意再次墜入這無間地獄吧？而胤禛——做為滿清盛世承先啟後關鍵而維民所止的雍正帝——這位朝乾夕惕、事必躬親的天子，在人後其實走得很是荒唐，回首來時處，只怕是一片黯淡無光，不堪回首。身為天下第一人，雍正無法與畢生摯愛的若曦長相廝守，贏了天下輸了她，古來帝王多寂寞，但終要歸咎於他心狠手辣的所作所

為，為愛為權，胤禛可以無情無義，老實說，跟恐怖情人有點像。

東方有個寧可為了天下犧牲愛情的雍正，那西方則有個「不愛江山愛美人」的典型。獨遊歐洲那年，我首愛德國的巴伐利亞，蘊含悠久且有別各邦的文化，從慕尼黑到新天鵝堡，都能看見現代化與古典的完美交融。慕尼黑有座寧芬堡宮（SchlossNymphenburg），以巴伐利亞王國歷史聞名，華麗的巴洛克建築、錯綜複雜的洛可可風廳房以及金碧輝煌、張滿大片彩繪壁畫的石廳（SteinernerSaal），然而，這些在我心中的印象卻比不上那間收藏三十六幅佳麗肖像的「美人畫廊」。畫像全是國王路德維希一世（Ludwig I）的收藏品，也讓他有了「最愛美女的國王」之封號，每位美人的氣質、容顏各有不同，但皆是一代佳人，不禁會想像若這些美女再世，會是多麼的耀眼奪目！不過，雖然大費周章請繪師為這些女性留下倩影，真正與他譜過戀曲的實屬少數，其他就當作是純欣賞吧？用現代眼光來說，他就是點右鍵下載一堆正妹照的先驅嘛！路德維希一世雖然風流，但廣義上來說也算是個癡情種，據說在周遭的所有美人中，這位國王最愛風情萬種的舞女Lola Montez，雖然她高調狂妄，喜愛干涉政局，還只是個身分不匹配的情婦，但國王的心仍被她深深擄獲。為了她，路德維希一世不顧輿論反對，也要為其封后，在自由主義席捲歐洲的動盪時局，這對愛侶的專制成了壓垮自身的稻草，在1848年革命的反動下，他們被拆散，路德維希一世就此退位，而他失去自我意志，德意志卻由此興起。更悲催的是，後來Lola Montez漏夜遁逃，兩人的姻緣也從此畫下句點。

與佳麗鶼鰈情深的賢明聖君，也並非沒有，只是愛情與麵包往往是單選題，何況王位是塊可以吃一輩子、吃到撐死的巨無霸麵包，誰不想要呢？但愛情又是世上最極端的關係，可以大喜，也可以大悲，總能讓人一頭栽入而難法自拔。有些人會折衷，拿一半的麵

包，談一半的愛情，為成就淡化一點愛情，為愛情犧牲一點成就，愛得辛苦，做得也辛苦，但至少勉強來說愛情與麵包都掌握到了一點。畢竟有愛的人生，就是與現實拔河的拉鋸戰，沒有人可以完全的自私，如何去拿捏之間的比重也是個人愛情觀與價值觀之展現。對雍正來說，寧負天下人，也要登上皇位，就算會令若曦受傷，也在所不惜。或許，雍正設想的藍圖是，掌握了巔峰的權力才能給若曦最安穩尊榮的日子，所有的磨難，都是先苦後甘，像NBA費城76人隊一樣地「相信過程」，擺爛好幾年，令球迷痛苦，但能搶盡一群天賦滿點的新秀，最後再來品嚐甜美的果實

（噢！但他們也還沒吃到，誰說苦之後的結果一定是好的呢……）。可雍正畢竟是最TOP的官二代、富二代，凡事總是朝著自己，聰穎一世卻偏偏於人心愚昧，他幾時曾考慮過若曦的想法呢？當若曦身邊的好友一一在爭權的烈火中殞落，若曦的心早已被千刀萬剮，哀慟的淚也早已流乾了，即便兩人仍維繫著刻骨銘心的愛，但嫉妒、誤會、失望造成的傷痕太深，再也無法彌補。

本該是世人欽羨的皇族佳偶，何以變成兩敗俱傷的殘破終局？說穿了，不就是因為當初太自私。在這冷冰冰的宮牆之內，感情路跌跌撞撞，天子途如履薄冰，連命都不是自己的，每條路都要也都搞得渾身是傷，沒有一條好走，只因為不願意放手。自認步步精心的策畫，卻讓所有人走得步步驚心，踏錯任何一步，都可能摧毀這牽連緊密的血脈殿堂與愛情瓊樓。胤禛的愛，究竟是真心全意地為了若曦的幸福而努力去，愛一個獨立、有見識、機靈且善良的若曦？還是他是愛著那個能無條件陪伴在側、支持自己龍袍加身的若曦呢？抑或是，胤禛愛的，根本是他自己。到底在追尋什麼，究竟值得不值得，也只有若曦與胤禛自己知道。

每個人終究是個個體，沒有人能比自己更瞭解自己了，我們若說「你比我還瞭解我」，其實就是我們早知道什麼才是自己真實的模樣，只不過明知自己有哪些問題，也改不掉罷了。我們只是恰好拿了幾個切合別人說的個性，去貼上別人的答案。每個人內心最深層之處都隔著一扇厚重的大門，上面布滿了用人格打造的鎖孔，每個人可能各自握有幾把不同的鑰匙，剛好可以解開某些不同的鎖孔，卻不可能擁有全部的鑰匙，因而無法開啟這扇心門。唯有自己可以解開、可以透析完整的自己，但通常，我們不太願意打開。我們都有秘密，都有自卑、悔恨、殘忍、嫉妒，都有各種負面的自我，很真實也很醜陋，可人就是如此。只是我們有能力選擇，是否要把這些加諸於他人身上。

突然覺得，《尋秦記》的項少龍才是穿越界的勝利組（但他並非魂魄附體，而是整個人搬過去，但一樣也是穿越，對吧）。項少龍把現代知識帶去戰國，就像NBA球星LeBron James把天賦帶到邁阿密和洛杉磯一樣，如同開外掛般，文武兼備、風流倜儻的肌肉美男，不只周旋列強，還能遊走諸位女性之間，難怪能擄獲眾多美人芳心（這種魅力放到今日，項少龍恐怕就無處施展，反而會變成拈花惹草的渣男吧）。可惜，古來女子皆弱勢，項少龍身邊的情人，或慘遭殺害，或因病猝逝，或受姦淫而死，大多都無法善終。

其實《步步驚心》也一樣，若曦的姐姐若蘭並不愛胤禩且紅顏薄命；雅妓綠蕪不願讓自己低微的身分，連累十三阿哥胤祥的名聲而黯然地投水自盡；遭雍正遷怒而被迫拆散離異的胤禩之妻明慧，最終也只能於絕望中上吊自焚。

唉，女性的遭遇如此可哀，也讓我想到最近情殺事件頻傳，其中三起分屍案，震驚社會，一時之間，人心惶惶。難以想像，這社會到底出了什麼問題，讓兇手無法克制滿腔憤恨，不惜痛下殺手。得不到你的心，就要毀你的人。有專家指出，可能跟天氣有關。嗯……的確時入盛夏，台灣屢創新高的氣溫令人不敢恭維，站在戶外三十秒就要滿身大汗、躁鬱難耐，但為此就壓抑不住慾火與怒火而取人性命，實在構不成理由，講白了，還是抗壓性與排解負面情緒能力的問題。這般兇殘對待女性的行徑，簡直讓人懷疑我們是否又回歸到了女權低落的古代。當然，殺人是天理不容，但不少女性遭虐枉死卻被嫁禍或製造成意外的冤案故事實在不少。祝福很難，尤其是愛不到的時候，但試想一下所謂愛情的形態，是想要有個人來讓自己不感覺寂寞，還是只想要有個奴僕來滿足自我需求？那麼，到頭來，究竟愛的是自己還是對方呢？

說來說去，還是別回到過去的好。穿越回古代，附身做古人，當在影城扮裝體驗，意思一下是沒問題，但要長久定居下來，絕對無法忍受，光是如廁這件事，我就先打退堂鼓了。這樣看來，項少龍和若曦還真是偉大啊！但如果非要選擇寄生一具軀體，我會勉為其難地選「老祖先」陶朱公范蠡吧！像他一樣文韜武略，能登殿堂獻策救國；像他一樣經商致富，能瀟灑地隱退山林。不慕名利且眼光精準，時機一到便急流勇退，更與西施泛五湖之上，逍遙快活，如此傳說，堪稱神話。當然，要是像他有真愛相隨、富甲天下，又何必淌政壇骯髒的渾水呢？現在再想，如果能重來，也別當李白，即便才氣縱橫俠客行，贏得身後千秋盛名，在世時卻坎坷潦倒，不曾享受過分毫富貴，是否也是徒勞一場？我拿著兩尊布袋戲偶，有些裝飾已經損壞，而我的英雄夢也如他們一般，漸漸殘缺淡去。若此生有真愛相伴，能與人為善，可以安居溫飽，對我來說，能當這樣的人，只怕比英雄更令人景仰。

Clare還愛不愛Henry？

空服員，廣義來說是世界的旅人，不過絕大多數的狀況是這樣：勞碌跟自尊磨難的比重大約七成，旅的成分則占三成，三成裡頭，兩成是補眠與進食，剩下一成，視情況而定。資訊發達的新世紀，旅行不再是多奢侈或困難的事，但若能在工作之餘順帶出國當然更好，於是空服員突然成了職業顯學，Instagram上不少空姐環遊世界、大啖美食與光鮮亮麗的模樣令人稱羨，但背後往往並非如此。一般看見的畢竟是少數，且報喜不報憂是常態，幾千名空服員裡，真正被人追蹤的又有幾個呢？姑且不論確實有些生活不虞匱乏、寢食無憂且容貌姣好的，我相信每個職業都有，只是放大與否的問題罷了。不好，開頭就離題

了，我要說的其實是，我的老婆是空服員。每個月零零總總加起來，她大抵至少有一週到兩週的時間無法與我見面，今天在台灣，明天可能就在舊金山，在通訊軟體打破距離的時代，你還是得面對兩地經度的差距。時差給人時空錯置的感覺，例如到了美國，她往往只能選擇呼呼大睡來補足十多個鐘點的損耗，能通聯還得抓準兩人都有空的黃金交叉，好似兩個平行宇宙。也許她前天一早四點半起床，明天又變成深夜十一點上班，有時我正要冒生命危險擠入不算在工時的台北上班車潮，她才剛剛反向到家。該過美國時間，還是台灣時間，做為一個行蹤難以捉摸的旅人，不免倍嘗辛苦。類似的職業，不在少數，都在時差的考驗中等待兩人重疊的時刻。妻子不在的時候，我倒也沒閒著，掌握獨處的空檔，耍廢打電玩，絞盡腦汁寫廢文，一暴十寒地做做運動，生活不可能無聊，無聊的通常是放棄的自己。當妻子回來，我便把時間交給她支配，畢竟相處的時刻已經夠少了，對吧？

我常常把這樣的生活模式比擬成《時空旅人之妻》（The Time Traveler's Wife），她像是學會了瞬間移動的時空旅人，甚至跨越了國界，消失了好幾天又回到身邊，然後拖著疲累的身軀，像發功後氣力放盡一般。而我，是否就如堅定守在原處、等待她歸來的「時空旅人之夫」呢？電影的主角Henry從小就有穿越時空的能力，但他大多無從掌握穿越的時機（相較之下，我只要等待老婆的班表出來就能掌控了），消失會突如其來，無預警讓他前往未來或是重返過去，不幸中的大幸是，Henry移動的距離似乎不會離得太遠，否則掉進汪洋大海，恐怕電影早早就結束了。另外，Henry每次的時空跳躍也都相當短暫，何時能回到現在，他同樣無法控制。年輕貌美的Clare在圖書館遇見了Henry，Clare對他彷彿一見如故，立刻對其表明自己知曉他的身分，兩人也順理成章發展愛情。原來，年記更長的Henry曾造訪年幼Clare的時空，從小就替她打好基礎，講白了，大概就是十年養成計畫吧！反正在Henry的長期調教下……不是，是長期陪伴下，蘿莉Clare已徹底愛上了Henry，一直等待與這個時空的他相會，可謂是相當「浪漫」的跨齡真命天菜物語。不得不稱讚Clare，明知將來的路途艱辛，仍一往情深（也可能她天真得認為凡事都能克服）。要當Henry的妻子，心臟應該得非常大顆吧？

果然，多災多難的Henry先是在某次時空旅行中凍傷了腿，不良於行的他，最後一次穿越時來到森林，遭打獵的岳父不慎誤殺（槍擊只是一瞬間，Henry對兇手應不知情，岳父也不知道自己殺了女婿）。他與岳父第一次見面時，曾聊起打獵的話題，Henry回答自己「通常是被追捕的那一個」，冥冥之中便暗示了結局的發展。未來中彈的Henry曾穿越到現在的Henry與Clare面前，Henry知道自己的死期，Clare與他們的女兒也明白，他們無能為力，全家人只能眼睜睜目睹血流如注的Henry突然回來，然後嚥下最後一口氣。無論用多長的時間來做心理建設，也很難接受愛人猝逝的結果吧！若Clare明知與他在一起便會有這天，她是否還會愛Henry呢？

既然談到時空旅行，那豈能錯過都是瑞秋・麥亞當斯（Rachel McAdams）主演的《真愛每一天》（About Time），關聯性如此強烈，自然要把它們放在一起來思考。《真愛每一天》的主角Tim同是時空旅人，但遠遠比Henry幸運上千倍（兩人共同的榮幸就是娶了瑞秋吧），因為Tim可以自由控制穿越與否。Tim家族的男性皆會遺傳此種能力，他的父親自然也有，不過他們只能回到過去，且是自身經歷過的過去，無法偷窺未來，也不能見到恐龍。Tim靠著這個特異功能，不斷修正過去的偏差，終於找到一條零失誤的道路，順利打動女主角Mary的芳心，羨煞廣大男性觀眾。

Henry突發性的穿越是個困擾，但並非沒有好處，他從未來得知彩券號碼，得以與Clare過著富足的日子。Tim雖然能任意回到過去，但所有的改變並非都會換來理想的結

果。如與他順遂人生南轅北轍的妹妹，遇人不淑交了個惡劣情人，還染上酗酒惡習，在一次與男友劇烈爭吵後酒駕車禍重傷，懊悔的Tim帶著妹妹回到過去，看清廢物男友的花心行為，豈料這個小小舉動竟把自己的女兒變成了帶把的兒子。邏輯可能基於最親近血緣的關係，在新的生命誕生後，若回到小孩出世前的過去時不夠謹慎，都可能改變受孕時間點，讓現在的孩子消失或變成一個陌生人。這表示Tim的孩子越多，他就越難掌控改變過去帶來的劇烈後果，因為只要稍稍干涉一點歷史，他的家庭便伴隨極高風險的重組危機，甚至不能讀檔重來。Tim接受妹妹的現況，放棄改變她的念頭，而是用現在的時間陪伴她，直到心與肉體的傷口痊癒。或許，他者的人生，我們並沒有干預的權力，我們可以扶持、引領，成為他們的依靠，但能否征服自己的心魔、跨過每個高聳的屏障，還是得由他們來決定。

有些人生的關口，是屹立不搖的轉折，在時間之神的計畫表裡，不可更動，也無法扭轉。童年的Henry與母親一起發生車禍，危急時刻Henry突然發生了第一次的消失，再回來時母親已意外身亡，對他而言，這是此生最大的遺憾，無論他趁著回到過去時做了多少努力，母親註定的悲劇永遠無法改變。如同《撒馬利亞之約》裡的巴格達商人之僕，因在市場看見死神而駕馬遁逃，死神卻更驚訝會於巴格達見到他，因為在死神的規劃裡，他們該在撒馬利亞相遇，而最後逃到此地的僕人，竟完美符合宿命安排的劇本，這點，恐怕連死神也沒預測到。包含Henry自身的命運也是，任誰都無法抵抗死亡的到來。當「現在」的Henry遭到射殺後，也宣告這個時空的他不復存在了，只有Clare的人生仍持續運轉著，即便過去的Henry能夠來與她重逢，也都像是回憶的投影。或許值得慶幸的是，若回來的都是來自另一個時空卻仍是同一個的Henry，那麼他們依然可以創造新的回憶，只是回憶永遠只能是須臾的片段，況且這個Henry遲早得接受英年早逝的命運，屬於且活在Clare當下的Henry都已真真實實地逝去了。

同樣地，Tim也要接受父親死亡的事實。與他感情深厚的父親在他第二胎出生後罹癌而辭世，這意味著若有第三個小孩，Tim幾乎不可能再回到過去與父親見面了。Tim曾對Mary想懷第三胎感到猶豫，但他仍選擇迎接新的家庭成員，放下了對父親的依存，生命是新來與舊去不斷交錯的進行式，當下的時間是不可逆的，Tim的人生只會往前，只會隨歲月老去，也許他能回到過去改變一些錯誤，但仍要回到「現在」面對變化所帶來的影響。父親的死接續著老么的新生，這是個傑出的設定，時間旅行者並非全能，生命流逝的無常終是自然的定數，是永恆不變的規則。Clare與Tim，他們都要學會面對摯愛與至親的死亡，學會看見並欣賞每個在相處時發生的細節，進而為逝者曾活過的豐富旅程感到欣慰。

Clare還是會愛Henry吧？這個問題的癥結點，不在Henry會不會突然消失，而是他會死於獵槍之下。若Henry沒有愛上Clare，也許就不會被岳父誤殺。但就算Henry死了，其他時空的Henry還是能穿越到現在來見她，雖然每次的相會短卻，但仍是有著同樣記憶、活生生的愛人。我想Henry不曾後悔，他明白自己就像母親一樣無法逃離既定的命運，但此生若沒有遇見Clare，那他可能無法嘗到幸福的滋味，沒有機會抱著Clare入睡、體驗真愛的悸動，也沒有機會獲得可愛的女兒，他到死前，雖然不安，但與家人的感情從未消滅，他們永遠愛著對方、惦念著對方，這已經是世界上最難能可貴的事。

Henry與Tim，他們都很認真地與家人說了再見。Henry花了很多時間告訴女兒Alba自己多幸運能擁有她，更把全家人聚在一塊，不讓Clare獨自面對悲傷。Tim最後一次回去見父親時，他們都了然於心：這是最後一次了。他們到了Tim童年與父親充滿回憶的地方，重溫舊夢，感受童稚天真時期父親傳遞給他的溫暖。他們親吻，他們擁抱，他們做足了準備，分離並不難過，難過的是有沒有好好告別。

生命就是生生滅滅的循環，當Clare幾經流產，他們懷疑基因遺傳很可能讓胚胎無意識脫離子宮穿越時空，Henry害怕生下的孩子像他一樣，甚至不小心就會失去性命，而他更擔心Clare不斷流產的身體。因此，當他到未來遇見了女兒Alba，那是多麼的感動，彷彿血液又滾燙而沸騰了起來。更值得高興的是，Alba能控制穿越的能力，而且聰穎、善

解人意，所以，Henry留給Clare最後的禮物，或許就是Alba。Henry與Tim都看見了新生的感動，為他們的家庭帶來圓滿，Tim從此拋下回到過去的念頭，因為他知道，此時此刻才該專注活著。其實回憶也是種穿越，我們都會反覆地回到過去，看平凡此生突如其來的變幻莫測，成為我們生命中不凡的部分。

Tim與Mary舉行婚禮時下起了傾盆大雨，當Tim問Mary如果可以，會不會想重挑個好日子結婚？Mary的答案是否定的，大雨並非不速之客，反而全部的親友索性就在雨中狂歡，比大晴天來得更熱鬧。意外的插曲，不完美的回憶，反而讓這段人生更顯獨一無二，他們不

需要穿越時空，而是要穿越眼前的起伏。因為有你有我，攜手在這個時刻，他們不曾遠離愛的包圍，那已是三生有幸。Henry與Tim，他們都與此生的摯愛締結連理，共組一個與常人不同但很美滿的家庭。

把每一個當下，都當成是生命的最後一天，那自然會格外珍惜。對我們這種無法預知未來或改變過去的人來說，很不容易，但偶爾想像一下，心裡某些執念便會坦然許多，很多情緒、爭執、歧見與包袱，在無常與後悔之前，看來是一點也不重要了。收尾完某篇廢文，老婆夜歸的交通車也差不多抵達了，她是個世界的旅人，能知道她來來去去的時間，不必忐忑惶恐地漫長等待，光是這點，我就完勝Clare太多。

我一直覺得城市夜晚的空氣與白天不同，好像更加清澈、流通，走在巷子內，除了那些按時站夜哨而三步一隻、五步一群的蟑螂軍團外，大致上我還是愛深夜多於晨間。午夜的台北一貫燈火通明，通勤尖峰的車流洪水已然退潮，都市永遠不乏晝伏夜出的夜貓，也不乏躺在煩惱上失眠的孤魂。我跟老婆都是早起免談、晚睡最愛的前者，我瞥一眼時間，還不算晚，等一會兒還能吃點宵夜配《蠟筆小新》，即便平日的明天，我還得繼續朝九晚六。接駁的交通車緩緩停靠，她下了車，夜色正美。

路西斯還去不去羅馬？

那是一個台北少見的暖陽午後，離職後猶在等待回覆面試通知的我，在待業的時光裡天天過得既快樂又惶恐，連都市的廢氣呼吸起來都能如此清新，自由到像《發條橘子》（A Clockwork Orange）的Alex對生命百無聊賴，可嘆我沒種也沒意願去作奸犯科，只好一邊故作從容，一邊擔憂著撐不了多久的存款。更詭譎的是，會感覺不事生產的自己彷彿是世上一個多餘的存在，連吸點髒空氣都嫌浪費。難道這就是被歸類成「奴性」的勞動觀念嗎？畢竟我非無所事事而不用為生存煩惱的富二代或貴婦（這樣講太以偏概全了，我道歉，總之就是不用工作也會有花不完的錢），受不了內心自我滿足與社會壓力間的拉扯，趁著少有的艷陽，我騎車到北投探望了外公、外婆。

探望完身體還算硬朗的老人家，欣慰之餘打算重溫一下北投市場週遭。不愧是台北市最北境的邊緣，要是把北投的捷運站拆了，半點也不會覺得這兒是台北市（其實磺溪以北都有類似的氛圍）。以市場為中心，交通亂中有序，機車停得隨意，派出所前的圓環沒有號誌，卻鮮少有意外，街巷狹小，沿山而居，若大安區是懷古韻深的文教風骨，這裡就是喧騰活躍的市井精神，你很難想像，這裡距離國際知名的溫泉區，不過幾百公尺。有些雜亂，有些陳舊，但我從不討厭，而且甚是喜歡。

身為半個北投人，到北投市場裡買便宜又大袋的古早味紅茶是非常必要的事，袋裝紅茶甜度固定，價錢遠比連鎖手搖店來得便宜，咬咬碎冰，聽見口腔裡「喀擦喀擦」的細碎撞擊聲，然後漫步一段緩坡，到北投公園的林蔭下乘涼，看著纖瘦的北投溪溪水發呆，這才是春夏艷陽天應該做的事。

我本來是這樣以為的。

可能我媽年輕的時候是。

都忘了現在智慧手機當道，我也不用裝清高，那是「Pokemon Go」精靈寶可夢橫行街頭的第一年，年輕人熱潮還未減，九成寶可夢是認不出來的中年人更是莫名地一頭栽入，這遊戲橫跨老中青幼，成為四代同堂能重新建立家庭和樂關係的全新語言。超稀有寶可夢「快龍」剛出沒於北投公園，造成了「萬人滿巷」低頭抓寶的喪屍潮。縱使號稱改版後已不見珍稀異獸，心存僥倖來碰運氣的人潮依舊不減。平日的台北市，充滿了閒得很忙的台灣人。一想到自己也是來朝聖的，就差點誤以為台北市的失業率已達到顛峰。

我繞著公園步道，一邊抓寶，一邊沿路上坡，途經北投圖書館、北投溫泉博物館，放眼週遭綠蔭流水，瞥見溫泉旅館林立，確實悠閒。我盡量抹去眼前穿梭的人影，對啊！這裡不是歷史悠久且以多元文化、地利之便聞名的溫泉勝地嗎？正是溫泉享譽國際，才讓擺明就是世界溫泉文化泰斗的日本人也不惜遠道而來，藉此緬懷殖民地僅存的一抹榮光……不是，是來感受南國豐富的人情味。印象最深的是《羅馬浴場》（テルマエ　ロマエ／ThermaeRomae）男女主角阿部寬與上戶彩曾於此出席第二部電影的記者會，當時我就在離他們幾百公尺遠的地方，卻因毫不知情而擦肩而過（就算知情，也不可能有機會見到的）。全世界的溫泉，都連結著同一片地熱，為台日兩地的文化結下深厚的緣分；而《羅馬浴場》的溫泉，更聯繫著兩千年之遙的時空。

《羅馬浴場》的主角路西斯（Lucius），如果他穿越的地方不是日本，而是北投，會是什麼光景？身為羅馬帝國輝煌時期的建築師，路西斯感嘆以浴場自豪的羅馬缺乏更實用、更有新意的設計，為了打造出讓人們更幸福的大眾浴場，他費盡苦心。因緣際會下，他竟穿越到現代日本，誤打誤撞地把日式澡堂文化運用於古羅馬的大眾浴場，讓老舊的浴場搖身一變成為最受歡迎的公共場所。上至帝王，下至百姓，無不受用，路西斯的浴場療癒了全國人民，甚至還影響了歷史。電影歡樂度爆表，將日本澡堂文化與古羅馬澡堂歷史進行了跨時空的結合，可謂創意滿分，還順帶炫耀日本人引以為傲卻逐漸式微的大眾浴池。我不禁思索，普天之下，是否只有日本可以讓路西斯取法呢？台灣可以嗎？北投可以嗎？

雖然北投溫泉的啟蒙，幾乎可謂是師法日本，甚至消極一點地說，全台灣的溫泉區大抵都不脫日式風格，縱使有些設計時尚、嶄新，也無法脫離日式和風，紛紛標榜著「日式風呂」、「泡湯」，讓顧客卸下日式浴袍，浸泡在和風浴池中，聽著服務生來回喊著「歡迎光臨」與「謝謝光臨」兩句日語，頗有東瀛風情，而令人神往陶醉。這樣並無不好，且是相當舒壓的體驗，縱使遠離1945已逾七十年，日本文化仍紮根甚深，或許近來還參雜了一些政交因素，但無庸置疑的是，文化軟實力的強硬之處就在此處顯現。

曾經，北投立基於溫泉之上，又以風花雪月大闢「觀光」之路，不只是溫泉鄉，更是座溫柔鄉（與其說九份像《神隱少女》，北投的駁雜歷史或許更像）。如今那卡西的喇叭聲已然歇止，載客用的摩托車也日趨沒落，但溫泉泉源從不間斷，仍舊在大屯火山的山腳下滾滾流竄，地熱谷的青磺味依舊淡淡飄散，溫暖著這片洗盡鉛華的都市近郊。

曾有幸快閃英國西南的歷史觀光大城——巴斯，此城曾是羅馬人統治下的溫泉勝地，如今仍保留了屹立千年、貨真價實的「羅馬浴場」（The Roman Baths）。這座浴場佔地之廣，坐擁天然溫泉，有類似蒸氣浴、三溫暖的設施，男女浴池、大眾池更是標準配備，格局幾乎與現代溫泉無異。舉目所及，簡直就要相信路西斯真的曾經來過現代而影響過去。路西斯，是不是在鞠躬盡瘁後，成功地把溫泉文化推展到歐洲各地了呢？就如同布達佩斯最有名的賽切尼溫泉浴場（Széchenyigyógyfürd）、韓國的汗蒸幕，儼然都是造訪該地必去的行程，也各自形成了獨具特色的浴場文化。要是路西斯穿越的是韓國，必然也會被汗蒸幕內的「懶人澡」或各種溫度的蒸室震撼得合不攏嘴，尤其是從情侶到大叔、姨母都會席地就寢的小屋、隔間，簡直是挑戰路西斯運用公共空間的創意之極限。

文化本身就是歷史、風俗習慣與美學的生活實踐，非關中式或日式，其為一種民族自我認同的進程。過去常有人嘲笑美國沒有文化，但我們日常所及，影劇也好、歌手也好、餐飲也好，就連咖啡，哪個不很美式呢？而美國，從當年小學社會課本中的「族群大融合」變成了「族群大拼盤」，甚至這些巧立名目的詞彙都無法定義。越多外來的衝擊，越能產生各種激盪；而歷史越是複雜，所積累的能量就越多。久而久之，就演變成為一種文化。

台灣，有根柢的原住民文化，也有漢民族文化，還有日本文化，如今更有新住民的各種文化，「多元」為我們開出更多選擇，也使我們擁有更多足以挖掘的記憶，我們並非沒有，而是什麼都有，只是在歷史與政治的諸多意識中，人們往往只選擇了某一種觀點。

倘若路西斯來到了台灣，《羅馬浴場》又會怎麼搬演呢？如果路西斯遇見我，我或許會帶他走走凱達格蘭文化館、溫泉博物館，闡述關於這片土地的波折與興衰。同時，我想

身處無電力時代的建築師，號稱最美綠建築的圖書館，其經濟性必能令他著迷。溫泉嘛！無論路衝上那間陳舊不堪的個人獨間湯屋，還是山坡上的公共露天大眾池，都能讓人浸泡在濃濃的硫磺味裡。夜晚先到市場一樓買一大袋紅茶，接著到市場外已經由第二代接手的燒烤攤碰碰運氣，這間從準時營業的流動攤販變成時常無預警休息的固定攤位，老闆抓料找錢往往都用同一隻手，明知不可為而為之，為了那絕無僅有的烤雞腸，攝取一點生菌也是值得。然後，我再和路西斯分別乘坐計程摩托車，上陽明山看看夜景。我或許會對他說聲抱歉，再告訴他：「關於浴場，你在日本可能會學到更多，我實在想不出有什麼好傳授給你的，但庶民可以獲得的滿足，相信羅馬的百姓也能受用。」我深深確信，北投人文地景與周遭特殊風景的融合，伴隨這裡嘈雜的生命力，也是一種不落人後的驕傲。

但，路西斯穿越的時候，顯然還沒接觸到讓六十億人驚呆的智慧型手機，更沒機會體驗為了抓寶變成喪屍的樂趣。現代人知識量的獲取堪比宇宙大霹靂，科技進步的幅度一日千里，連浴場都還要燒柴煮水的古羅馬人，頂得住這樣的劇烈衝擊嗎？誰知道路西斯會不會就此成為低頭族，每天追著Youtuber而就此樂不思「馬」呢？換個角度想，女主角山越真實也因路西斯反向穿越到古羅馬，她又能堅持多久？對路西斯而言，他接觸的是更進步、更方便、更多娛樂的未來；對女主角來說，卻是回到與現代相比，觀念、眼界、物質生活都完全落後的過去。也難怪她與漫畫中的原型小達五月不同，即便百般不捨仍被強制回歸原本生活，果然是比較真實的發展。「穿越」這檔事，似乎都得靠動之以情，讓人願意如《尋秦記》的項少龍，在兩千年前的東周之末享齊人之福；《賭俠2之上海灘賭聖》裡的大軍畢竟是從1991回到了1937，頂多就少了電視機、衛生紙，何況他從社會邊緣人扶搖直上當成了大爺，我想勉強一下，還是能習慣的。又如《時光機器》（The Time

Machine）的主角，在明白終究無法救回愛妻性命後，也選擇待在八十萬年後的曼哈頓，生活在歷經大毀滅後宛如史前時代的原始社會，只因為此處有情人可依歸。不過，這回是從1899年的環境轉換到原始的懸崖部族，回到過去是個比較級，沒有最落後，只有更落後。如果今天是讓我們回到千百年前，可能光是上完廁所如何擦屁股這件事就會讓人苦不堪言。

會跑出這麼多胡亂的空想，大概也是因為抓了一兩圈的寶，卻沒什麼較大的收穫吧！這時走到北投圖書館旁，外圍的木棧地板因整修而拉起了封鎖線，上面寫著「注意安全，請勿進入」。不過怪了，怎麼裡頭長滿了人？有人席地而坐，有人信步蹓躂，而他們不外乎都維持同一動作——低頭，然後抓寶。應該是裡頭有遊戲補給站，或是有挺不錯的寶可夢。我不太確定他們是大愛地想親身測試木棧的修復狀況，還是這封鎖線其實是誰自備來佔位子的？好險，路西斯不懂中文，這樣我便能說因為這群人是當地貴族，所以能圈著陰影跟涼亭休憩！

正感到有些疲乏，突然遠處傳來一聲淒厲的吶喊：「噴火龍！」喔，是稀有怪啊！此

時就像非洲野牛大遷徙，像活屍遇見活人，也是這般失去自我的情不自禁，心無旁鶩，大夥兒向此生唯一的目標奔去。他們以集體肉身凝聚起來的壯烈力量，填滿了僅有的一條單行道，汽車尚不放在眼裡，遑論機車。人臂擋車，齊力獵龍，幾台汽機車被霸道的群眾淹沒，進退維谷，在中亞荒漠都要禮讓羊群，何況是尊貴的訓練大師。我估計連阿部寬出現都不會有這種光景。或許，這也算是文化的一種？路西斯，抱歉了，我們將之稱為「自由」。

路西斯看見此番景象，會想帶什

麼回去呢？還是，乾脆與我們一同沉迷在這個五光十色的世界裡呢？如果一個國家最美的風景只剩人，那這個國家不是太自以為，就真的是太可憐。自以為的是宛如其他國家的人都不如我們美，可憐的是這國家恐怕真的沒什麼風景可言。若選一樣你自覺引以為傲的東西，讓路西斯帶回羅馬，你最希望的會是什麼？

本想隨波逐流，但我突然先在馬路邊駐足，看看手機螢幕，沒有阿部寬，沒有噴火龍，但我也沒有繼續往前，彷彿失去踏上柏油路進行偵查的動力，任憑人群從我身旁呼嘯而過。日暮多悲風，突然想起母親曾說過，外公、外婆年輕時靠著在溫泉區販售紀念品給觀光客養家，然後想到現在的我還在待業中，四顧何茫茫。不如，路西斯，你帶我回羅馬吧！

南山高壽還約不約福壽愛美？

第一次搭山手線，是從品川坐到澀谷吧？東京人潮的誇張，實在令我咋舌。這條JR鐵路很特別，是繞經東京幾個重點大站的環狀線，也就是說，倘若不幸在目的地前一站睡著而坐過頭的話，下次醒來也許還在同個站呢！列車順時針行駛，不斷循環，逆行的列車每個一段時間，便會在某站擦身而過，假設一台車平均時速是四十五公里，兩台車從上野站出發，多久以後會再度交會呢……不對，這裡不是要討論數學題目，只是想到，兩台相反方向的列車，一直繞行著各自的旅途，但總有相遇的時刻。在品川站時，見到一對六十有餘的夫妻，兩人頭戴漁夫帽，身穿羽絨衣，胸前掛著相機，十分輕鬆的打扮，一看就是跟我同類的觀光客。偶然聽見他們對話，原來是同鄉啊！不過我們並沒有交談，他們也沒注意到我的存在，我與他們走往不同方向的月台，我要去澀谷，看看傳說中的十字路口和八公像，不知道他們將往何處？大雨陣陣的旅遊，多少掃興，也沒錢去室內血拼，於是跟八公合照幾張後，便跑到代官山的蔦屋書店待了兩個鐘頭，回車站時，在八公像那竟然又見到了那對老夫婦，他們很興奮地跟忠犬小八合影，對他們來說，澀谷是否太流行了呢

（或者他們跟我一樣只是單純來朝聖景點）？有趣的是，從他們手上幾只Big Camera、3C電器的提袋，我拿出宅男精神，得出他們剛去過秋葉原的結論。啊！真是新潮的老夫婦啊！不過，或許他們是替兒孫買的也說不定。更巧的是，秋葉原不正是我下個要去的地方嗎？

我們毫不相識，卻在每個景點不期而遇，雖然我們都不曾真的繞山手線好幾圈，那距離畢竟還是太遠。同一個起點，不同的方向，最終仍能在起始的地方相會，打從第一次看到環狀線的地圖時，便對兩個逆行者重逢的故事充滿想像，突如其來的緣分浪漫得令人嚮往。當然，我與那對夫婦完全不會有感情線的延伸。而《明天我要和昨天的妳約會》（ぼくは明日、昨日のきみとデートする）這部片名會讓人在買票時感到害羞的電影，衝破單一空間與時間軸，編排出一段既暖心又虐心的愛情小品，而這似乎與我的經歷有了一點重疊之處。男主角南山人壽……不是，是南山高壽（姓名多麼喜氣，長輩一定很愛）與女主角福壽螺……呃！也不是，是福壽愛美，兩個名字又像又特別的同歲青年，彼此活在不同的平行時空中，兩個世界的時間行走方向完全相反，乍看之下會誤認為像《班傑明的奇幻旅程》（The Curious Case of Benjamin Button），以為其中一方是從老活到幼，但劇情發展並非如此，兩人的世界再正常不過，時間同樣一去不復返地往前流逝，他們會長大、會變老，然後，只怪老天給了他們時空交錯的機會——每隔五年就有三十天能相遇——因而讓他們發展出這段再深情不過也痛心不過的生離虐戀。愛美一身溫和的氣質打扮，白皙的臉龐與略微纖瘦的身軀，倚立在窗邊靜靜閱讀，在冬日的暖陽下，顯得格外嬌柔，也難怪高壽對他一見鍾情（嚴格來說，他們並非「一見」，但鍾情，確實是第一次），因此高壽鼓起大學魯蛇最後的勇氣去向愛美搭訕。於是乎，他們就在一起了。

從女主角對高壽的仰慕、對高壽的愛，都顯現出愛美的格外大方與相當積極，但她又不時透露出有些過頭和不合時宜的舉動，看來神秘，卻不難猜想是怎麼一回事。照電影裡女主角午夜零時前就要找藉口回家的舉動（其實是消失在高壽現處的世界），可以推敲出：任一方在這三十天內，每日早晨都可以跨越到對方的時空，只是一到深夜就會強制回歸，多麼灰姑娘式的設定！假如兩人不曾跨越這時間禁區，也許就可以這麼平靜地度過正常的人生，可是轟轟烈烈的故事，總是禁不起平凡。

以兩人唯一重疊時會相同的年紀——二十歲做為分水嶺，每五年為一個單位來回推，高壽會在十五歲、十歲與五歲時分別遇上二十五歲、三十歲與三十五歲的愛美，他們只有七次機會能相見，若進一步計算，兩人帶著愛情記憶尋找對方的機會，僅剩稀少的三次；更不用提雙方成熟到足以相愛相悉的時刻，唯有二十歲的那僅僅三十天，那是何其短暫的幸福，對照他們漫長的一生，這段戀曲宛如煙花絢爛，也像令人癡情到癲狂的毒品，幸福一瞬，苦卻一生。

三十天後，兩人都要奔向下個被神偷走的五年，卻不可能再相愛（除了年紀的差距，畢竟也不是當初相愛的對方了），但高壽與愛美的感情並非如此突然的奠定在二十歲，這段「刻意」安排的緣分早在時間的悖論中被註定了。五歲的高壽曾墜湖溺水，被三十五歲的愛美救起；反之，五歲的愛美也曾在廟會的爆炸意外中，被三十五歲的高壽保護，愛美從此戀上了大哥哥，暗自立誓非高壽不愛。而在她高中時，已是優秀大人的高壽，既熟悉又有些陌生的在她放課後出現，並拿出五年前相愛的最後一天，為當時愛美留下的肖像。高壽把這段永誌不忘的回憶，如預言故事般地向她訴說，讓水手服版愛美更確信了年幼時的緣分，準備迎接下一次屬於自己的虐戀。這部片最出色的設定，或許是將主視角放在愛美的身上，幼童喜歡哥哥、姐姐，到大終成眷侶的漫長等待，相對來說特別感人，但若是設定成二十五歲的高壽等待著未成年愛美，這種「養成計畫」可能會被當成戀童癖而遭法辦吧！

到底是誰先見了誰？又是誰觸發了兩人短暫而刻骨的感情主線？三十五歲的愛美與高壽分別救了年幼的彼此，在此之前，若愛美五歲時不曾被救、高中時不曾被告知這段愛戀，現在的愛美或許就不會刻意出現在高壽搭乘的列車上，去設下一個善意且甜美的「圈套」，也就不會與高壽有如此巧妙的邂逅。可是，要是愛美沒有救五歲的高壽，又怎會有後來的故事？時序錯置的迴圈，像哆啦A夢時光機常發生的小劇場，到底是大雄先救了自己，還是大雄先搞砸了自己，這樣無限循環的「蛋與雞」問題，我想，也無須追根究柢，誰先把心交了出去，已然不需在意。或許我真正想釐清的是，他們到底後不後悔？我想，答案是「不」。當第三十天的愛美明知進入車廂，就會和第一天的高壽相遇然後啟動這輛痛苦與幸福交雜衝撞的列車；她明知相遇即註定會造成滿腔淚水的分離，比「出生意即死亡的開始」還要令人感慨，那她又為何要跨出這一步？又為何非得親自碰觸那耀眼燦爛卻將被焚燒殆盡的火花呢？也許，真愛是能超越眼前所見的，雖然碰不著，但能反覆從心底喚起，暖暖的、酸酸的，弄得人們一邊傻笑，一邊啜泣。

下個五年再見到的對方，都不是之前相遇相戀過的了，而是全新且年輕了五歲的模樣。原本相戀的高壽或愛美，與自己同樣隨著歲月更迭老去，也同樣會遇見另一個年輕的自己。他們的愛，此生只有這三十天，不會再多，所以，我想高壽一定很想吶喊櫻木花道的名言：「我只有現在啊！」

在能相遇的這三十天裡，讓第一天的高壽怦然心動的愛美，已經是她的第三十天，即將迎來愛情的終結；反過來說，高壽在畫室所畫下的愛美，是第一天到來的愛美，與高壽不同的是，愛美是帶著心理準備來見高壽，因為她早在五年前，就從三十五歲的陌生高壽嘴裡，聽見自己未來逃離不了的命運。那麼最後一日的愛美，刻意在高壽眼前出現，巴望著這位對她一無所知的男孩，能看上她一眼，讓「詛咒」的齒輪繼續轉動下去，她只能用「創造」來迎接「終結」，相信愛美的內心，已經絞揉成一團死結，隨時都在潰堤的邊緣。所以，愛美總是要隨身帶著筆記本，裡頭全是高中時記下的「未來日記」，她的第一天一旦開始，就要依循筆記本中的「記載」來愛對方，畢竟她還未能擁有這段愛，所以她模仿、假裝，能演出一段好似兩人曾經共同經歷過的回憶那樣……像被帶著回高壽老家見父母的愛美，才剛要開始愛上高壽而已，她真實的記憶只有短短幾天，眼前高壽所相處過的都是其他的自己。他們並不曾真正有過重疊的一日，每見到一次清晨的白露，對方就離自己越遠。

高壽發現愛美的日記、得知一切原委後，難以接受每天牽手、擁抱的愛美，其實是「不同」人，但無論如何，她仍然是愛美，是那個義無反顧也要往深淵裡跳的愛美，是如此真真切切的熱愛自己的愛美，即便知道會心碎得細如塵埃也要狠狠握著碎片往前且決不後悔的愛美，所以高壽就一同跳下了。「哀莫哀兮生別離」，有時生離比天人永隔更痛苦。明知彼此都深愛著，卻淪落到此生不復相見的結局，這是第一種痛；杳無音信，從此斷絕了音訊消息，連對方是死是活都無從悉知，牽掛的忐忑，猜測的煎熬，會是第二種痛。對情人而言，帶著愛的告別還是太苦，究竟是多麼想不開，才會去談一場僅能歡愉三十天卻得終生被沉痛糾纏的戀愛呢？我想，高壽的內心也明白，愛的全貌不在占有對方有多久，而在與對方的契合有多深。多少人窮極一生，始終在情海浮沉，為何與千千萬萬的人相遇卻連一個摯愛都找不到？能確定彼此是這輩子唯一的愛情歸宿，可說是七生有幸。人都有生離死別，都會面臨關係的結束，高壽與愛美也是如此，只是回憶比常人少罷了。或許一段能好好道別的關係，才會讓人投入，也才是綿延此生的無價之寶，比任何猝不及防的分離來得更加可貴。

但我更期盼高壽與愛美能帶著這份真摯的善良，去找尋下一個等待結合的靈魂。他們已經學會了如何珍惜，已經懂得如何包容與退讓，這並不是軟弱，而是宣告自己有多麼重視所謂的愛情；他們一定比誰都溫柔，一定會慢慢地讓對方成為更好的人；他們已具備了勇敢，能不顧一切地保護對方。也許某天想起這段回憶，他們會輕輕掉淚，可是他們既不會後悔，也不再眷戀。希望四十歲的他們，都搭上了山手線以外的列車，遇見不一樣的摯愛，與對方相互扶持、永不分離，然後，某天在夕陽映照的河岸旁，他們會輕輕地對遠方說：「我幸福了，你也要喔！」

九點以後的東京，不少地方都蕭條了起來，雖然大樓的燈火依舊亮如白晝，街上的人潮與傍晚相比簡直是兩個世界，狹窄的都心，忽然很開闊、很舒適。我跟老婆打算把握最後一夜的分分秒秒，就像高壽與愛美的第三十天那樣，攜手前往東京鐵塔。我們走在增上寺旁的小徑，金紅色的東京鐵塔從樹林長出，散發著溫柔的顏色，我凝視鐵塔，在料峭的三月初，竟感到一股暖意，就像鐵塔用光芒緊緊包覆著每一個仰望著它的人。突然，我又遇見了那對老夫婦，他們相依著走在不遠處，兩人大包小包，滿是小家電、衣服、伴手禮的提袋，但兩人都騰出一隻手，緊緊牽著彼此。東京的雨早已止歇，雲破之後是清爽的氣息，我無法形容那一份略帶哽咽的感動。能夠攜手共度一生，不光是高壽與愛美的奢望，更是普天之下有情人難以達成的心願吧！我與同行的妻子相視而笑，再轉過頭，老夫婦已消失在小徑的末端。也許他們根本不存在，只是我對人生一點幸福輪廓的期待與縮影。

Samantha還有什麼選擇？

如果能讓你改變一件過去的事，你會選擇改變什麼？我相信無論大小，全世界的人都一定問過自己這個問題。對我來說，後悔幾乎是每天的例行公事，好聽一點的話，可以稱之為「反省」，不過要是每天都在反省差不多的事，基本上意味著根本沒做出改變，那還是叫後悔好了。後悔的事很多，通常都是些芝麻蒜皮的小事，也幾乎天天都重複發生，例如我時常凌晨躺在床上，為睡不飽又要上班的勞累怨嘆，但其實還不都要怪自己晚上多打了兩小時的PS；或是在難以伸展的沙發上睡死到午夜而越睡越疲憊；嗯……也有可能是殫精竭慮地在寫這本廢文的關係。「早知

道」是帶著悔意的三個字，「早知道就不打了，明天一定要提早一小時睡。」這大概就是每天閉上酸澀乾癢的雙眼後，在腦袋裡邊痛毆自己邊吐出來的反省感言。其實，下班後的一切多是為了短暫的喘息，想把握能為自己而活的一點空檔，太早闔眼，好似會強烈感到那股鬱悶的不甘心。也許，還未到理想的生活，對現況的徬徨，才是讓人最懊悔的吧？

大事也會讓人天天懊悔不已，但往往就只遭遇這麼一次，便令人深痛欲絕，每天都被懊悔的苦難折騰，就算不再發生，你也會覺得這份煎熬如影隨形，不時隱隱作痛，提醒著你曾做出的決定。如果可以選擇，我會不會承認自己沒有才能，而停止在Word裡輸入千萬詞彙呢？我會不會放棄當初唸的科系，背離興趣走上相對可能好賺一些的理工類組呢（喔，那也要唸得起來啊）？像是《還有機會說再見》（Before I Fall）的Samantha，可以為昨天經歷的一切重新選擇（但如字面所說，僅限於昨天）。Samantha是個很平凡的高中正妹，跟大多數人差不多，自認年少輕狂，想創造無數第一次，在中二中摸索成熟。高中生活結束的前夕，Samantha一如往常與閨蜜們上課，討論校園年度的邱比特日會收到多少玫瑰花，以及準備在今晚獻出初夜給男友的緊張感。對了，還不忘嘲諷一下外表邋遢的校園邊緣人Juliet。晚上參加青梅竹馬舉辦的派對後，Samantha與閨蜜們出了嚴重車禍，她眼前一黑，再睜開眼，驚覺自己不是在醫院，也不是天國，竟是在自己的房間。從此時開始，她無論怎麼做，今天過完後都會回到昨天——無限重複過著邱比特日。

反覆重來的人生，不是阿湯哥力抗外星異種的《明日邊界》（Edge of Tomorrow），不是B級題材的驚悚片《忌日快樂》（Happy Death Day），較接近是此一系列的先驅《今天暫時停止》（Groundhog Day）。我想，這必然有受到影響，但無論像不像，這些電影的主角都受困在無止盡的昨日迴圈，尋求掙脫的出口。《今天暫時停止》的主角Phil與Samantha際遇相似，一個受困於2月2日，一個2月12日，他們沒有敵人要消滅，最棘手的問題是不曾認真檢視自己。他們發掘生命本質之前，得先克服心裡隨時可能的崩潰，Phil做盡壞事，又企圖一死了之，卻依然於前日重生；Samantha則選擇「黑化」，逼出積壓已久的負面情緒，以偏激加諸於身邊所有人，與閨蜜反目、與家人翻臉，然後在不完美的初夜後失落得嚎啕大哭。事實證明，這些行為只讓他們更空虛、更寂寞。欠缺思慮，懷著惡意的一句話、一個舉動，都可能成為一個傷己及人的決定；反之，善意的眼光也可能拯救每個陷落的靈魂。雖然今天要上演的主線劇情，就像被劇透一般讓他們毫無驚喜，但即便答案只有一個，仍有無盡的解法，邁向今夜結束的過程無限多種，他們能嘗試各種選擇，直到找出打開通往後天的那把鑰匙。

片中Samantha一群人聊到了蝴蝶效應，若延伸去結合電影的《蝴蝶效應》（我相信是有關的），或能解讀出兩種意思：第一，可與學校老師所教的西西弗斯神話做個呼應，兩者都直接諭示了Samantha的走向，也就是無論做了什麼努力，都沒有盡善盡美的結局，西西弗斯永遠無法把巨石推上山頂，電影主角也永遠無法獲得幸福；第二，則是蝴蝶效應的本義，即「一個小小的選擇，就會造成巨大的影響」，所有發生的事，都是有關聯的，也會引起無法想像的衝擊，如Juliet被霸凌的始末、與青梅竹馬肯特的愛情，都只是輕輕改變一個選擇，就轉換成影響全盤的樞紐，而Samantha最後也在一連串的關係中，找到了脫離無限循環的唯一方式：犧牲自己，救Juliet一命。如同電影《蝴蝶效應》（The Butterfly Effect）的主角Evan，最終才明白自己的存在會徹底為愛人帶來不幸，因而選擇放手，才讓整個效應走向彼此幸福的結果。Phil找到了真愛，矯正了他的個性，終於迎來轉動的明天，那自然是上天給他的恩賜。至於Samantha，我仍無法評斷到底是幸還是不幸，畢竟她找到了此生最富足的心靈，代價卻是以死亡交換。活在循環之牢，或以死作結，哪種選擇更需要勇氣？

凱特・絲蓓（Kate Spade）與安東尼・波登（Anthony Bourdain）在短短一週內先後自縊身亡的消息震驚世界，前者是享譽國際的時尚設計師，後者則是鼎鼎大名的名廚兼旅行家，他們都是不同領域裡響噹噹的公眾人物，創辦品牌、開設餐廳，連上流人士都為他們傾倒。看似讓人稱羨，對吧？享不盡的富貴，受盡景仰的盛名，怎麼會這麼不知足呢？我猜總有人會這麼想。波登在螢光幕上一貫地瀟灑不羈，典型的「做自己」，他直來直往、敢說敢做，此生遊歷諸國，結交朋友、吃盡美食，踏遍千山萬水，探訪世上各種祕境。若追蹤波登的Instagram，只會覺得他的生活令人嚮往，幾乎是我的理想人生。可誰又能理解，在這些外表光鮮亮麗的名人背後有多麼黑暗的陰影，黑暗到讓他們即便享有了大多數人夢寐以求的生活，也寧可撒手不要，只願以死來尋求解脫。兩年前在拉斯維加斯的Outlet，跟妻子買了她的第一個Kate Spade皮夾，那時只覺得未來有機會一定要再來撿便宜；TLC旅遊生活頻道中，我最愛的節目莫過於波登系列：《波登過境》、《波登不設限》、《波登闖異地》……我總以為會一直看著波登把世界所有角落踏遍。可這些，都在瞬間成為了追憶，都把期盼換做了緬懷。如果他們能夠選擇、能夠重新活過來，他們會選擇去改變什麼？是否活在人間，有如身處煉獄，使他們受盡日復一日憂鬱的輪迴？我逕自揣摩他們的哀愁，幻想他們逃出泥淖的可能性，或自以為地祈願他們平靜。

離我很遙遠的公眾人物突然死去，都沉重得讓人無法接受了，又何況是身邊的人們。片中的「怪咖」Juliet是美國校園電影超常出現的典型霸凌受害者，她蓬頭垢面、衣著邋遢，沉默寡言且獨來獨往，沒有人願意靠近她，還見一次嘲笑一次，說她是個尿褲子的噁心醜女。Juliet算是改變Samantha人生走向的關鍵，她亂入未受邀的派對，被Samantha的閨蜜當眾侮辱，群情亢奮下也跟著對她惡言相向、潑灑酒水，逼得Juliet奪門而出，選擇衝出樹林，向閃避不及的來車躍去。就像影集《漢娜的遺言》（13 Reasons Why），霸凌是一段複雜的連鎖反應，有時加害人根本不清楚自己在鄙視什麼，受害者也不知道究竟該從何辯解，漢娜在絕望時才理出一條條讓她人生崩壞的脈絡，但明知沒做錯任何事又如何，還不是無從洗回清白，不如以死明志更加快活？原來Juliet與Samantha的閨蜜童年曾是最要好的朋友，後者活在父母離異的傷痕裡，某次不小心尿床，為了保全聲譽，索性犧牲Juliet，讓她背上這個看似無傷大雅的罪名，誰又能料到，從此Juliet成為全校笑柄，再也沒有翻身的機會，曾經最好的朋友，變成攻訐最猛烈的霸凌者。

Juliet與漢娜的死引起全校譁然，「不知道會這麼嚴重」搞不好是世上最可怕的「無心」之過，只要說出這句，彷彿就金身護體，不會沾上一點罪惡。但Juliet與漢娜的死，突然打了這些人一個清醒的巴掌。「當時只道是尋常」，所有習慣成自然的「尋常」，有天都將不再尋常，無論是小善還是小惡。他們以為嘲笑是為了好玩，他們以為辱罵是因為正義，相信每個人都能承受，每個人都能隨時間克服，然後成為更好的人……不，其實是更接近我們期待的人。當尋常的生命流逝了，他們才驚覺，發現苗頭不對，然後趕緊找個減輕罪惡感的藉口，就是「可憐之人必有可恨之處」，像是說過勞死的員工本來就有病、說被性侵的女孩就是穿得太風騷，反正，一切都是they的錯。

Samantha發現了這一天（應該說這一生）的盲點，她思索自己欺凌Juliet的動機，開始主動去接觸Juliet，只希望能理解她、幫助她。如果漢娜身邊有一個Samantha，也許她就能走過傷痛，爭取她的正義，弭平心上無數深裂的創口。不預設立場，不畫地自限，不人云亦云，去仔細聆聽每個人的故事，主動擁抱他們每個人的脆弱與惶恐，這些話聽起來很噁心，但實際上，在你我壓抑挫折之痛的心中，都隱隱懷揣潛藏著這樣的期待。

Samantha脫出了輪迴，不斷修正自己的選擇，終能找到突破蝴蝶效應與西西弗斯的詛咒，那便是「善」，她珍惜父母，善待年幼的妹妹，不吝說出自己的愛，真誠的讚美身邊重要的人。她也選擇與一個正直的青梅竹馬告白，選擇縱使千夫所指也要推Juliet一把。就像奇異博士在一千四百個未來中只發現一個能擊敗薩諾斯的方法，Samantha也在推開Juliet犧牲自己後結束了無盡的循環，這是擺脫不了死亡的詛咒，還是上天給予她領略生命的寶貴契機？又或者，其實每個邱比特日所發生的事，都不過是Samantha第一次車禍死前剎那的各種幻想，想找出一個合理又讓自己能滿意走完短促人生的結局？無論如

何，Samantha都認真活過了最後一日，也許她已把此生悔恨的選擇都減至最少，甚至根本不再有一點懊悔，縱使不捨，她也終能坦然地與世界告別。Samantha懷著完全的善意，去重新認識一個她原本再熟悉不過的往日，才發覺身邊的一切原來是如此陌生。Samantha就像個初生的嬰兒，宛如一張白紙，去接受2月12日所畫下的各種色彩與圖樣，她心裡很坦蕩、很開闊，因為這才是活著。當然，與長久的幾十年歲月相比，還是會覺得可惜，死亡是行走於這個世界的終點，會不會有另一個，沒人知道，若能沒有悔恨的辭別，帶著數不清的珍貴回憶離開，也讓自己成為他人心中一段永存難忘的風景，那應是最心滿意足的美麗人生吧！任誰都希望如此。

我躺在床上，還是會對做過的某些決定感到猶豫，但是，相信自己的選擇，應該是重新認識自己的第一步。時間不夠用的我還是想花個兩小時進入《魔物獵人：世界》（Monster Hunter: World）的虛幻世界，有人覺得浪費時間，但於我而言，此時大腦宛如不需運作，暫隔一切苦厄，這是無與倫比的壓力釋放，讓我的憂慮稍稍歸零，好迎接全新的日出。假如我像Samantha一樣醒來就要讀檔重打，那我自然就會放下電玩了，反正二十四小時也無法玩到頂天。生命不計長短，活得不留遺憾才是真的，我還在為生活努力，為成為想要成為的模樣努力，入眠前就算感覺今天不夠完美，但至少也沒有白白浪費。我轉念一想，如果可以選擇，還是不希望當Samantha，會對現況不滿足，是因為還有力氣去追逐；會對生活感到滿足，是因為懂得把握與欣賞。我長嘆了一口氣，一股癱軟的睡意遍佈全身，意識逐漸模糊之際，我想著也許明天可以選擇做點不同的改變，而這樣的我其實已經很幸運了，對吧？

國家圖書館出版品預行編目(CIP)資料

凡人佈局——內心戲現正熱映中/ 有勃著.
-- 初版. -- 臺北市 : 力得文化, 2018.08
面；　公分. --（好心情；7）
ISBN 978-986-96448-2-2（平裝）

1.言論集 2.時事評論

078　　　　107011210

好心情 007

凡人佈局——內心戲現正熱映中

初　　版　2018年8月
定　　價　新台幣320元

作　　者　有　勃
出　　版　力得文化
發 行 人　周瑞德
電　　話　886-2-2351-2007
傳　　真　886-2-2351-0887
地　　址　100 台北市中正區福州街1號10樓之2
E-mail　best.books.service@gmail.com
官　　網　www.bestbookstw.com
執行總監　齊心瑀
企劃編輯　王韻涵
封面設計　楊麗卿
內頁構成　華漢電腦排版有限公司
印　　製　大亞彩色印刷製版股份有限公司

港澳地區總經銷　泛華發行代理有限公司
地　　　　址　香港新界將軍澳工業邨駿昌街7號2樓
電　　　　話　852-2798-2323
傳　　　　真　852-2796-5471

Leader Culture

Lead the Way! Be Your Own Leader!

Leader Culture

Lead the Way! Be Your Own Leader!

Leader Culture

Lead the Way! Be Your Own Leader!

Leader Culture

Lead the Way! Be Your Own Leader!